문화와
역사를
담 다
0 4 2

조
영
숙 曺英淑 Cho Young Sook

1934년 3월 3일 전남 광주에서 출생
1950년까지 함남(현 강원) 원산에서 성장
1950년 7월 원산사범전문학교 본과 2년 수료
1951년 광주에서 여성국극 동지사 입단
1962년 여성국악동인회 설립에 참가
1984년 이동안 선생에게 발탈 전수 시작
여성 창극인으로 현재에 이름.

국가중요무형문화재 제79호 〈발탈〉 예능보유자
(사단법인) 발탈·전통극보존회 이사장
대한민국 여성국극협회 대표

저서 『끄지 않는 불씨』(2000)
    『무대를 베고 누운 자유인』(2013)

동지사시대에
관한 증언

조영숙

민속원

책을 내면서

나는 2012년 2월에서야 뒤늦게 국가무형문화재(제79호) '발탈' 종목의 예능보유자가 되었다. 흔히 인간문화재라고 우대해준다. 발탈이란 배우가 발에 탈을 쓰고, 발로 연기를 하면서 발탈광대와 재담꾼과 함께 공연하는 민속예능이다. 이렇게 발탈을 하는 내가 '여성국극에 관한 증언집'를 내놓게 되었다. 아마도 많은 사람들은, 같은 이름의 다른 사람이 만든 책으로 생각하기 십상이다. 그러나 발탈의 예능보유자나 이 책을 집필한 사람이나 동일한 사람임이 적실하다.

원류로 말하자면, 나는 발탈보다 여성국극을 훨씬 먼저 시작했다. 1951년 가을 광주에서 여성국극동지사(대표 임춘앵)에 입단해 연기공부를 하는 한편, 이듬해 1월에 광주극장에서 공연된 창단공연 〈공주궁의 비밀〉에 출연했다. 그후 10년 동안 여성국극의 절정기에 임춘앵 선생님의 대역, 극단의 경리 및 사무까지 맡으면서, 무대 위에서 내 열정과 혼을 불태우며 살았다. 극단생활은 무척 어렵고 힘든 일이었지만 관중의 호응에 즐거웠고, 1960년대에 국극이 쇠미해진 이후에도 나는 여성국극인이었음을 언제나 자랑스럽게 여기며 오늘날까지 지내왔다.

1970년부터 여성국극을 연구하려는 대학원생들과 학자들이 '나의 증언'을 요청해와 여러 번 대담이 이루어졌다. 나의 증언을 바탕으로 한 학술논문이나 저술도 발표되었다. 그 동안 나는 두 권의 자서전을 내놓았다. 2000년에 출판된 『무대를 베고 누운 자유인』(도서출판 명상)과 2013년에 출판된 『끄지 않은 불씨』(수필과비평사)가 그것이다. 나중에 낸 것은 먼저 책을 보충 가필한 것이다. 나의 파란만장하고 기구한 일생을 기록하면서 여성국극에 관한 이야기도 간간이 곁들였다.

이렇게 여성국극이 세상에 알려진 마당에 내가 다시 책을 쓰게 된 데는 두 가지 중요한 이유가 있다. 하나는, 기왕의 창극(남녀혼성 소리극)에 대한 여성국극의 특징과 창의성이 여전히 분명하게 밝혀지지 않았다는 점이다. 여성국극에 대한 왜곡과 오류는 적지 않게 발견된다. 가능한 대로 성의를 다해, 나는 이런 점을 이 책에서 보완해 두고 싶다. 다른 이유의 하나는, 남은 여성국극인들이 하나로 단결해 공연을 활성화시키고, 여성국극을 국가무형문화재로 지정하도록 당국에 촉구하자는 것이다. 문화재로 승격시키는 것은 여생에 남은 나의 간절한 소망이다. 『여성국극의 뒤안길』이라는 책이름을 붙인 것은 이런 까닭이다.

고려대학교의 서연호 명예교수가 '장기간 작품에 출연했던 분으로서 생생한 체험담을 기록하는 것이 역사를 밝히는 데 중요한 자료'라고 하면서 책 쓰기를 권유한 것은, 나에게 용기를 내게 했다. 어렵게 모아놓은 자료들까지 나에게 기꺼이 내주셨다. 지면을 빌어 감사드린다.

누구에게나 글쓰기는 힘든 일이 아닐 수 없다. 올해 여든여덟살이나 된 나에게는 더욱 그러하다. 이 책에는 '동지사시대에 관한 증언'이라는 부제를 붙였다. 그동안 나의 활동을 위주로 서술한 까닭이다. 동지사의 공연활동이 한국 여성국극사의 중심을 이루는 것은 분명하지만, 종합적인 역사로서는 부족하다고 생각한다. 부족한 점은 후세의 다른 분들이 보완해주리라 믿는다.

책을 만들어주신 민속원 홍종화 사장님과 직원 여러분들에게 고마운 인사를 드린다.

2022년 6월
조영숙

차례

01

창극의 성립과 전개

1. 머리글

2022년 현재, 고단했던 나(조영숙)의 인생 여정은 안정되고, 아득한 과거를 되돌아보는 시간을 자주 갖게 되었다. 나는 2012년 2월에 뒤늦게 국가무형문화재(제79호) '발탈' 종목의 예능보유자가 되었다. 인간문화재로 우대를 받으면서 비로소 내 생활이 안정되었다. 정기적으로 지급되는 교육비를 받는 것도 그렇지만, 무엇보다 공연을 하고 제자들을 가르칠 수 있게 된 것은 여간 기쁘고 다행스러운 일이 아닐 수 없다. 여기서 발탈 이야기를 하려는 것이 아니라, 평소에 가슴에 품었던 여성국극 이야기를 하려 한다.

나에게는 영 놓지 못하는 예술세계가 있다. 여성국극, 이름만 들어도 가슴이 뛰고, 그의 몰락에 안타까운 마음은 꿈속에서도 못 잊는다. 먼저 가신 분들과 꿈속에서도 여성국극의 무대를 분주히 오간다. 대한민국의 여성국극이란, 전통국악예술을 근본으로 하고, 특히 판소리를 근간으로 만들었다. 연극, 음악, 창, 무용을 망라해, 여성국극인들이 소리극 무대로 표출하여 이루어 낸, 국악 무대예술의 총체적 결정체이다.

과거의 여성국극은 적어도 십여 년 남짓 전통예술의 상징으로서 훌륭하다는 칭찬을

재담꾼 조영숙

받았으며, 수준 또한 높은 무대로 발전해 갔다. 따라서 가는 곳마다 '국악예술의 꽃'이라며 환호와 박수를 받으며 무아지경으로 꽃길만 걸었다. 하지만 영원할 것 같았던 화려한 행진은 불과 십여 년 만에 서서히 멈추기 시작해, 칠십여 년이 지난 지금 생존마저 위태롭게 되었다.

1987년에 동지사 출신의 여성국극인들은, 작고하신 임춘앵 선생님(단원들은 아줌마라 불렀다, 여기서 임 선생님으로 약칭)의 추모공연을 한 적이 있었다. 무용학원을 운영하던 진소영이 공연을 주도했다. 동지사의 우수작이라 한 현진건의 〈무영탑〉을 명동 국립극장에서 막을 올렸다. 나도 참여한 감회 깊은 공연이었다. 관객들은 오랜만에 만나는 여성국극무대에 큰 관심과 환영의 박수를 보냈으나, 다음 부산 시민회관 공연으로 끝나고 말았다.

여성국극이 요즘같은 시대에 기대할 바 무엇이 그리 크다고 공연을 올리느냐 하겠지만, 그래도 나는 분명코 선생님의 제자이기에 추모 공연에 참여하는 것이 당연하다고 생각했다. 나는 그 분이 걸었던 그 길을 뒤따르고 있을 뿐만 아니라, 지금도, 앞으로도, 여성국극을 포기할 수 없다. 공연에 앞서 예전에 함께 무대에 올랐던 배우들을 모이게 했다. 또 몇몇 눈에 띄는, 소질있는 후진들과 함께 몇 달을 연습해 공연을 한 것이다.

공연의 완성도에는 미흡한 부분이 있었으나 다행히 관객은 입추의 여지없이 객석을 채워주었다. 아직도 많은 사람들이 여성국극에 대한 향수를 간직하고 있었다. 무대에서 그런 모습을 보면서 어떤 희망을 품어보기도 했다. '여성국극의 부활!' 관객은 공연 중간중간, 공연이 끝나고 커튼콜을 할 때도 뜨거운 박수로 우리를 성원해주었다. 우레와 같은 박수와 환호 속에 막이 내려질 때, 내 눈시울이 촉촉해졌다.

우리는 왜 여성국극인으로 살아왔을까? 나는 어찌하여 70년이 지나도록 이런 무대를 떠나지 못하고 있을까? 화려한 번성의 시절이 어제 같기만 한데, 지금 여성국극이라는 장르의 존재 여부도 몰라주는 냉엄한 시점이다. 그런데도 나는 여전히 무대에 오르고 있다. 선생님에게 무릎을 꿇고 사죄라도 올리고 싶다. 그분의 명성과 여성국극의 맥을 우리 제자들이 제대로 잇게 하고 싶다.

2. 창극과 여성국극

창극唱劇은 지금 살아있는 소리극이다. 국립창극단(1962, 국립국극단이라는 명칭으로 출발했다)이 그 실체를 말해준다. 창극은 남녀 배우가 함께 공연한다. 여성국극은 여성배우가 여자 역은 물론, 남자 역을 하는 특별한 소리극이다. 여성국극에 비해서, 창극을 남녀혼성극(남녀혼성국극, 여기서 혼성국극으로 약칭)이라 하는 것은 이런 까닭이다.

임춘앵(1924~1973) 선생님은 우리 여성국극의 대명사이고 상징적 인물이다. 여성국극은 여성들이 하는 창극의 일종이다. 중국에서도 창극, 창희唱戲라 한다. 남녀혼성의 기존 창극에서 여성들이 독립해 단체를 결성하고, '여성'에 '국극'을 붙여 새로운 용어가 생겼다. 공연이 진행되면서 용어만이 아니라 양식에서도 변화가 일어났다. 광복이후 종래의 창극은 1973년 국립창극단이라는 명칭이 확정될 때까지 국극(국립국극단)으로 불리었다. 타이완에서는 1950년대부터 대륙의 경극에 대해, 자신들의 전통극을 국극이라 부른다.

1948년 판소리 명창 박녹주를 중심으로 창단된 여성국악동호회로부터 여성국극이 본격적으로 시작되었다. 이 동호회는 〈옥중화〉 다음으로 두 번째 작품 김아부 작·연출 〈햇님과 달님〉을 공연해 커다란 주목을 받았다. 이 작품은 이탈리아의 작곡가 푸치니가 중국을 소재로 작곡한 미완성 오페라 〈투란도트〉의 번안이었다. 〈햇님과 달님〉의 성공에는 기획(당시 기록에는 진행자)을 맡았던 김주전의 유능한 수완도 무시할수 없다. 김주전은 함흥에서 월남한 남자로서 두뇌회전이 빠른 처세가였다.

김주전은 당시 여성국극의 밝은 미래를 예상한 듯하다. 자신이 속한 동호회 회원들이 단체를 버리고 떠나는 실정을 간파하였으며, 그 스스로 전문단체를 만들었다. 여성국극동지사가 그것이다. 이 동지사는 〈햇님과 달님〉의 여세를 몰아, 후편으로 〈황금돼지〉를 공연했다.

1950년 6·25전쟁의 와중에서 김주전의 동지사가 거의 와해된 상태에서, 김주전과 함께 활동했던 임 선생님이 결성한 것이, 역시 동일한 이름의 여성국극동지사였다.

확실한 자료는 없으나, 두 단체 사이에 인수 인계를 이루었다는 점도 고려해 볼 수 있다. 1951년 가을, 광주에서 벌어진 일이었다. 여성국악동호회 출신의 임춘앵을 비롯해, 박초월·성추월·박의숙·성금련·김취선 등이 주축이었다. 임 선생님은 조건 작·연출〈공주궁의 비밀〉(1952. 2. 25.)로 창단공연을 올렸다. 임춘앵여성국극(일명 동지사, 임춘앵과 그 일행)의 출발이었다.

3. 혼성국극(창극)

우리 창극의 정확한 생성과정은 잘 알려지지 않았다. 꾸준히 연구가 이루어지고, 근래에 많은 새로운 자료들이 발굴되고 있다. 정노식의『조선창극사』(조선일보출판부, 1940)에는 조선 말엽부터 판소리에 대한 계보와 명창들의 신상에 대한 귀중한 기록이 남아있다. 창극의 시발점에 대한 반딧불 같은 '촉'을 틔워 놓았다.

실내극장에 관한 기록은 1902년 개관된 협률사가 최초이다. 협률사는 고종황제 등극40주년기념행사를 위해 마련한 극장이다. 8월에 개장된 협률사는 황태자(후일 순종)의 천연두(마마)로 기념행사가 갑자기 이듬해로 연기되었으며 이후 일반인들을 위한 무대로 사용되었다. 이 극장에서〈소춘대유희〉라는 공연이 이루어졌다.

> 본사에서 소춘대유희를 금일위시하오며, 시간은 자하오6점으로 지11점까지요. 등표는 황지 상등표에 가금이 1원이요, 홍지 중등표에 가금 70전이요, 청지 하등표에 가금 50전이오니, 완상하실 내외국첨군자 조량내임하시되 훤화와 주담과 흡연은 금단하난 규칙이오니, 이차시행하심을 망함, 협률사 고백.[1]

---

1 『황성신문』, 1902. 10. 31.

여성국극의 뒤안길

공연 내용을 살펴보면 〈소춘대유희〉는 전통연희의 종합이다. 협률사 무대(당시 희대라고 했다)와 다르게 작품 이름을 '소춘대'로 부른 것이다. 당시 물가를 기준으로 보아 극장의 입장료는 높은 가격이었다. 이렇게 입장료가 비싼 데는 최고의 명창들에 대한 대우가 극진했다는 점을 암시해준다. 이런 이유로 협률사는 극장이자, 관리기관을 의미할 뿐만 아니라, 당시 명창(배우, 창우)들에 대한 높은, 사회적 평가를 동시에 표상하는 의미를 지녔다.

협률사는 불과 몇 년 만에 문을 닫았다. 그러나 협률사가 생김으로써 그 뒤, 협률사를 내걸고 활동하는 광대들이 많았다. 실제로 협률사의 광대는 수효가 적었지만, 그 이름을 통해 스스로 자신의 명성을 높이려는 후배 광대들의 염원이 어린 명칭이 되기도 한 것이다. 그러므로 협률사는 실제 극장과 더불어, 후일의 유명한 명인의 공연(김창환협률사, 송만갑협률사 등)을 지칭하는 두 가지 의미를 갖게 되었다. 협률사에 대한 오해와 오류는 이런 이유에서 비롯되었다.

> 춘향가 중 수회를 연극하난대, 재인 등의 창가와 기예가 천연적 진경을 화출하거니와, 12세 여 연화蓮花난 상단(향단)의 형모를 환출하고, 12세 여 계화桂花난 춘향이가 재생한 듯, 백반 비탄한 상태를 모출할뿐더러 창가, 탄금, 승무가 무비절묘하야 가히 가무장리에 제일등을 점거할 거시라.[2]

이상은 1907년 광무대 개설 기사와 함께 〈춘향가〉를 분창했다는 내용이다. 당시 이렇게 역할 별로 분창하는 것을 화답창 또는 병창이라고도 했다. 창극이 만들어지는 과정을 알 수 있다.

원각사의 낙성식 기념행사로 경향 각지의 광대 170여 명이 판소리 〈춘향가〉 전판을

---

2   『만세보』, 1907. 5. 30.

다섯 시간 여에 걸쳐 연창을 했다. 하늘 아래에서 포장 속에서 창을 부르던 광대들이 건국이래 최초의 서양식 대극장의 무대에서 창우(창을 하는 배우)의 자격으로 무대에 섰으니, 천지개벽을 할 대사건이고, 중요한 것은 우리 창극시대의 암시적 터를 닦아 놓는 계기가 되었다는 점이다. 여기서 20세기 초엽의 실내극장을 살펴보기로 한다.

광무대(1907. 5~1930. 5)는 애초에 동대문 전차 기계창 안에 세운 공립극장이었다. 한성전기회사는 서울시내를 왕래하는 전차(1899. 5~1968. 11)를 관리하기 위해 전기철도사를 세웠다. 이 철도사가 고종황제의 칙령을 받아 설립한 것이 광무대였다. 이 극장을 세우는 데는 민영환과 전기회사 설립에 관여한 미국인 콜부란(Collbran, H.)의 숨은 역할이 컸다. 당시 극장경영은 매우 어려웠다. 초창기 광무대에서는 판소리 분창 공연이 이루어져, 창극의 기초를 만들었다.

개관된 지 일년만인 1908년 9월부터 1927년 말까지, 후일 단성사의 주인이 되기도 한 박승필이 광무대를 인수하여 전승연희 전용극장으로 운영했다. 광무대는 1913년 6월에 을지로4가 남쪽(당시의 황금정)으로 새 극장을 마련하여 이전했다. 건물주는 일본인이었다. 1928년부터 임석진이 박승필에게 인수하여 운영하던 이 극장은 1930년 6월 화재로 소실된 이후 재기하지 못한 채 명맥이 끊어지고 말았다.

원각사(1908. 7~1914. 3)는 궁내부 소관의 협률사를 이인직・김상천・박정동 등이 임대하여 운영한 극장이다. 개칭되면서 건물에는 약간의 개보수가 이루어졌다. 이듬해에는 운영자가 안순환으로 바뀌었다. 1904년 명월관을 개점하고 그후 식도원을 경영했던 안순환은 당시 최고의 음식업자였다. 1909년 4월에 원각사는 친일재벌이던 김시현이 운영을 맡았다. 개관 이후 연극개량을 목표로 활동했던 이 극장은 화재로 사라졌다. 초창기 원각사에서는 창극이 공연되었다.

연흥사(1907. 11~1914. 8)는 서울 사동(현 인사동)의 장윤직의 집을 개조해서 만든 극장이다. 초기 실무책임자는 총무 박완근과 감독 송종오가 맡았다. 창극 〈화용도〉를 공연하기 위해 거금 8백 환으로 전국에서 30여 명의 창부를 모집해들일 정도로 적극성을 띄었으나 점차 경영이 어려워져 자선공연으로 연명했다. 1909년 6월에는 입장객을 관리하기 위해 한국인보다 두 배의 월급을 주고 일본인을 채용하기도 했다. 1912년부터는 신파극을 공연하기 위해 무대와 객석을 확장해서 사용했으나 1914년 8월에 돌연 문을 닫게 되었다.

장안사(1908. 7~1914. 8)는 이길선의 소유로 돈의동에 있었다. 당시 대부분의 극장들은 국내 전승연희를 주로 공연했는데, 장안사가 1909년 4월에 중국 경극 〈삼국지〉를 공연한 것은 일대 사건이었다. 중국 안동현에서 60여명의 배우가 왔다. 경영이 어려워 두 차례나 문을 닫았다가 재개한 적이 있고, 전승연희의 김재종 일행이 전속으로 공연한 적도 있다. 상류층이 후원회(당시는 찬성회)를 조직하거나 제약사의 경품을 걸고 연극을 한 적도 있다. 불황을 견디지 못한 장안사는 7년 만에 이름이 사라지게 되었다. 초창기 장안사에서 창극 공연이 이루어졌다.[3]

원각사에서는 창극 〈춘향가〉, 〈심청가〉, 〈수궁가〉를 공연했다. 소속된 명창과 소리꾼들을 통해 〈은세계〉(일명 최병도타령, 1908. 11)를 공연해 장안의 화제를 모았다. 원각사의 창극은 김창환(1872~1937)이 모든 것을 주도했고, 강용환(1865~1938)이 연출을 맡았다. 이상의 내용은 당시 신문 기사에서 확인된다.

4. 창극조와 판소리

정노식은 『조선창극사』에서 창극조唱劇調라는 말을 사용했다. 오늘날 판소리를 그렇게 부른 것이다. 일제강점기에는 판소리라는 용어보다 창극조를 많이 사용한 것을

---

3   서연호, 『한국연극사』 근대편, 연극과인간, 2003, 49~51쪽.

알 수 있다. 그 시대의 소리꾼들은 소위 '광대(소리광대)'라 불렸으며, 일반적으로 인격적으로나 예술가로서의 정당한 대우를 받지 못하고 살았다. 광대가 소리를 하면 같이 호응하며 '잘한다'고 추임새를 했고, 흥이 나면 함께 춤도 추어 가며 즐겼다. 그러나 소리판이 끝나면 바로 그 광대를 천시하거나 반말로써 하대하며, 자신과 동등한 인격으로 인정하지 않았다.

그러나 광대 전체가 그런 것은 아니었다. 몇 사람의 대명창들은 궁 안으로 불려가 황제 앞에서 소리를 하며 지냈다. 그에 대한 보수 또한 대단했으며, 황금으로 만든 선물까지 하사했다. 여기서, 김창환 명창의 손녀(김혜리)에게 내가 들은 이야기를 소개하고 싶다. 김창환 명창은 황제 앞에서 소리를 했기에 국창國唱이라 높여서 불렀다.

김창환의 소리를 하지 않은 둘째 아들(김삼룡)의 셋째 딸(김혜리)은 지금도 가끔 나와 소식을 나누는 사이다. 그녀는 여성국극에서 같이 활동했다. 1950년 6·25전쟁 중 피난지 마산에서 어머니(임임신)가 '너희 할아버지'라며 사진 한 장을 보여주었다. 할아버지는 오래 전 대단한 국창이었고, 대궐 임금님 앞에서 소리를 불렀으며, 임금님이 일어나라고 잡아주었던 손목에 토시를 끼고 있는 사진이었다. 손목의 토시에는 금붙이가 붙어 있었다고 했으며, 앞으로 할아버지의 일은 아무에게도 말하지 말라고 당부했단다. 사진은 어머니가 보관했으나 행방은 모른다고 했다. 국창에 대한 우대가 상당했음을 말해준다.

그것뿐이랴. 궁에서 소리하다 상감마마의 눈에 들면 말직이나마 벼슬(명예직)까지 받았다. 그 예가 신재효(오위장), 김창환(의관) 등이다.

> 명창으로서 왕실에서 명예관직을 받은 소리꾼들은 다음과 같다. 오위장(신재효), 동지(모흥갑), 낭청(주덕기·송광록), 무과武科의 선달(박유전·박만순), 의관(김창환), 감찰(송만갑), 통정대부(이동백) 등.[4]

옛날에 판소리는 실내나 야외에서 했다. 야외에서 할 때는 넓은 공터에서, 또는 흰색 포장을 둘러치고 했다. 포장 안에서 낮에는 하늘을 머리에 이고, 밤이면 광솔 햇불을 밝히고 별과 달을 조명 삼아 판소리(창극조)를 공연했다. 연창형식이라 해서 판소리 이어 부르기도 생겼다. 집단 유랑형태로서 비 오는 날은 연희를 중단할 수밖에 없는 상황이었다.

　방안, 사랑, 누각에서 소리를 할 때는 야외에서 하는 경우보다 소리(성음)을 낮게 내었다. 관객들에게 잘 들리도록 하는 것이 성악이므로 장소에 따라 상대적으로 소리에 차이가 생겼던 것이다. 이런 이유로 '방안소리'라는 용어도 생겼다.

5. 조선성악연구회

　20세기 들어와서 전통음악인으로 구성된 조직으로는 협률사, 경성구파배우조합, 조선악연구회, 조선음악협회, 조선음률협회, 조선악정회, 조선악협회, 조선성악원, 조선음악연구회 등이 있었다. 조선음악연구회는 1934년 9월 28일, 제3회 공연부터 단체 명칭을 조선성악연구회로 개칭했다.

　　조선성악원은 조선 음률의 쇠잔을 느끼는 중에 가무의 연구는 물론, 가객의 양성과 선전 등을 목적으로 이동백 · 김창룡 · 한성준 · 정정렬 · 오태석 · 김초향 · 박록주 등 명 창들이 단원으로 활약했다.[5]

　　(조선성악연구회) 햇곡 추수절을 당하야 국창과 명기를 총동원하여서 제3회 추기공 연을 10월 2일, 3일 오후 7시 반부터 11시까지 시내 공회에서 개최하고, 조선 고전성

4　『한국음악사전』, 예술원, 1985 참조.
5　『매일신보』, 1934. 4. 24.

악의 일년 간 수확을 대중 앞에 피로하고자 조선성악연구회는 콜럼비아회사의 후원을 받아 방금 준비에 바쁜 중인데, 송만갑·이동백·김창룡·정정렬·박녹주·신금홍 등 40여 명의 출연할 터이라 한다.[6]

　(춘향전) 연내로 춘향전이 창극, 신극 내지 영화로 우리 앞에 무수히 나타났었지만, 혹은 고속古俗에 어그러지고, 혹은 고습古習에 벗어나서 식자의 코웃음을 사오던 것이니, 이 가극(즉 창극) 춘향전은 정정렬 씨의 연출 아래 복색으로부터 행동거지에 이르기까지 전부 그 당시의 풍속습관을 그대로 지키는 것은 물론이거니와 언사간言辭間에도 되도록 현대의 새로운 말을 피하기로 되었다. 그뿐더러 지금들 부르는 소리는 그 사연도 많이 변개되고 창법도 고치어진 것으로서 그 중에는 개선된 곳도 있지만 개악된 것도 없지 안한지라, 그 역시 그러한 점을 고려하여 옛날의 소리를 많이 살리기에 노력하는 터라.[7]

　조선성악연구회 회원은 1939년 5월에 230명에 달했다. 1941년 8월부터는 조선성악연구회 직영의 '창극좌'를 독립시켰다.

　조선성악연구회는 박녹주의 주선으로 재산가 우석 김종익(혜화동에 있던 우석간호대, 병원설립자)이 후원했다. 서울의 중심지 종로에 사무실과 연습실을 마련하였다. 이들의 목적은 이미 노년기에 접어든 대명창들의 후예를 육성하여 새로운 창극을 도모하기 위해서였다.

　일년 동안 맹훈련을 하여 1936년 서울 동양극장(현 문화일보 자리)에서 창극조에서 완전히 벗어난 〈춘향전〉의 대공연을 시도하여 창극무대를 창조해 냈다. 함께 출연한 명창들은 김창룡·정정렬·송만갑·이동백이었다. 새로 탄생한 젊은 주역들은 정남

6　『매일신보』, 1934. 9. 28.
7　『조선일보』, 1936. 9. 15.

　　여성국극의 뒤안길

희·오태석·조상선 등이고, 여자 배우들이 약진했다. 춘향 역의 박녹주, 춘향모의 임소향은 창극배우로 첫 손꼽히는 완벽한 연기력으로 명성을 얻었다.

〈춘향전〉(7막 11장), 동양극장 1936. 9. 24~28. 조선성악연구회 남녀 명창 총출연,
김용승 각색, 출연자는 송만갑·이동백·정정렬·김창룡·오태석·정남희·박녹주·
임소향·조영희·강태홍 등.[8]

정정렬 명창은 작가 김용승과 함께 판소리 춘향전의 사설을 완전히 연극 대본으로 각색하였다. 작창은 원곡을 이용하되 연극에 필요한 부분만을 사용했으며, 아니리는 간결하게(연극조) 대사로 연결하였다. 특히 사랑가의 장면은 판소리와 판이한 작사, 작창을 하여 지금까지도 부르기가 어렵고 까다롭기는 하지만, 대단히 멋지고 훌륭한 명곡으로 남아있다.

또한 전례가 없는 특별한 부분이 있었다. 음악 반주단의 도입이다. 『창극사연구』[9]에 기록된 조선성악연구회의 창단명단에는 소리하는 연기자(창우)와 대명창들 외에 음악(악기)전문의 대가들이 다수 합류되어 있는 것이 보인다. 그 명인들을 살펴보면 음악 반주단이 있었다는 것을 확인할 수 있다.

고수를 했던 한성준은 본시 춤의 대가로 한성준류의 승무와 살풀이의 시조이기도 하다. 대금에 박종기와 한주환이 보인다. 박종기가 새소리를 연주하면 새가 날아와 박종기의 어깨에 앉았었다는 이야기가 전할 정도로 명인이었다. 그는 어머니가 사경을 헤매일 때 자신의 허벅지 살을 떼어내어 봉양한 효자였고, 그 후유증으로 앉은뱅이가 되다시피 한 몸으로 진도에서 후진 양성을 하다가 생을 마감했다.

이 이야기는 박종기의 손자이며 진도 북춤의 개발자 박병천에게 들었다. 박병천의

8   고설봉 증언, 장원재 정리, 『증언 연극사』, 도서출판 진양, 1990, 173쪽.
9   박황, 『창극사연구』, 백록출판사, 1976, 85쪽.

아들(박한영) 역시 대금 연주가로 성장했다. 한주환은 1960년대까지 최고의 대금 명인의 자리에서 활동하였으며 임춘앵의 여성국극동지사의 창단 멤버였다. 현재 대금 연주의 국가무형문화재 보유자 이생강의 선생이었다. 가야금 산조의 심상근은 심상근류의 시조이다. 가야금 병창도 훌륭하다는 평가를 받았다.

김세준은 명창 김창룡의 장자였고, 후일 여성국극동지사의 장고 담당으로서 창단 멤버였다. 신쾌동은 거문고의 대가로서 굵직한 제자들을 많이 두었으며, 그 역시 여성국극동지사의 창단 멤버였다. 반주단은 무대 안 양쪽에서 연주하다가 객석 제일 앞 중앙의 의자에서 무대를 쳐다보며 연주를 하기도 했다. 지금도 라이트박스가 없는 극장에선 객석 앞좌석이나 큰 무대이면 상수나 하수 쪽에 앉아서 연주를 한다. 이렇듯 당대 최고의 창악과 음악의 대가들이 장치, 조명, 의상, 대소도구와 초유의 음악반주단과 함께 연구개발하여 완벽한 정통 창악극 1호를 탄생시켰다.

> (창극 춘향가 평) 고가곡에 문외한인 필자에게 그 무대와 그 창자들의 연기는 각 곡과 사설과 그 장면의 박진미를 맛볼 수 있게 하였던 것이다. 즉 요정의 온돌방 같은 곳에서 일찍이 박녹주, 이동백의 노래도 몇 번 들었던 일이 있고, 또 기타의 명창이라는 기생의 춘향가도 여러 번 들었으나, 노래의 음악적 표정도 그 사설도 별다른 감동을 못 주던 것이, 그 밤의 창극 및 장면은 확실히 노래의 맛을 주었다는 점으로 성공이라 할 것이다. 노래와 맛을 본래 아는 관중들이 그 명창의 노래에 감심感心했다는 점과는 유가 다르나, 이 점에서 금번의 창극은 대중적 효과를 얻을 수 있었던 상연이라고 할 수 있다.[10]

〈춘향전〉 공연 결과는 대성공이었다. 앞서, 원각사 공연 이후 최다의 인파가 몰렸으

---

10 홍종인, 「고전 가곡의 재출발」, 『조선일보』, 1936. 10. 3.

여성국극의 뒤안길

며 3시간 반 동안의 공연 도중 자리를 이탈한 사람은 전혀 없었다. 급한 볼일을 볼 사람은 나갈 수도 없고, 나갔다가 다시 돌아올 수도 없으니, 끝까지 자리를 지킬 수밖에 없었다고 한다.

1940년 이전까지, 조선성악연구회가 공연한 창극으로는 〈흥보전〉(1934. 11/ 1936. 11/ 1938. 5), 〈배비장전〉(1936. 2/ 1937. 3), 〈유충렬전〉(1936. 6), 〈춘향전〉(1936. 9/ 1937. 1/ 1937. 6/ 1937. 9/ 1938. 5/ 1938. 10/ 1939. 1/ 1939. 10), 〈심청전〉(1936. 12/ 1937. 6/ 1938. 4/ 1938. 5/ 1938. 10), 〈숙영낭자전〉(1937. 2), 〈편시춘〉(1937. 6), 〈토끼타령〉(1938. 3), 〈옹고집〉(1938. 8). 〈농촌야화〉(1938. 10) 등을 들 수 있다.[11]

한편, 1940년 이후 조선성악연구회 직영의 창극좌 공연으로는 〈옥루몽〉(1940. 2), 〈흥보전〉(1940. 2/ 1941. 6), 〈백제의 낙화암〉(1940. 10/ 1941. 6/ 1941. 9/ 1942. 1/ 1942. 11/ 1942. 2), 〈심청전〉(1940. 10/ 1941. 2/ 1941. 9/ 1941. 12/ 1942. 2), 〈배비장전〉(1940. 10), 〈춘향전〉(1940. 11/ 1941. 2/ 1941. 9/ 1942. 2), 〈신라사화〉(1941. 2), 〈황진이〉(1941. 8), 〈무심등無心燈〉(1941. 8), 〈재봉춘〉(1941. 9), 〈삼국지〉(1942. 2) 등을 들 수 있다.[12]

6. 사랑가와 농부가

이상의 〈춘향전〉의 내용에 있어 가장 빛났던 것은 이도령과 춘향의 사랑가와 농부가, 피날레였다. 1908년 원각사의 창극조 〈사랑가〉와 1936년의 동양극장에서의 〈사랑가〉를 비교해 보면, 작사와 작곡의 변화가 차츰 창악극 또는 창극무대화로 변해가고 있음을 짐작할 수 있다. 동양극장의 〈춘향전〉에서 당대 5대 명창의 한 분인 정정렬이 작사에도 관여해 작사와 작곡을 새로 했다. 이 〈사랑가〉는 과거 창극조(판소리)의 사랑

---

11 백현미, 『한국창극사연구』, 태학사, 1997, 214~213쪽.
12 백현미, 『한국창극사연구』, 태학사, 1997, 311쪽, 313~314쪽.

가보다 새롭고 신선한 감명을 주었다. 이후의 '사랑가'하면 춘향전에서는 '정정렬의 사랑가'로 통용되고 있었다.

요즘은 정정렬의 사랑가 완판을 부르는 사람이 거의 없다. 빠른 장단의 중중모리 뒷부분만 부르는 사람도 극히 소수다. 창극인이라면 한 번쯤은 무대에서 〈춘향가〉를 불러봐야 할 훌륭한 노래이기에 진양조에서부터 중중머리 후미까지 기록해 놓으려 한다.(부록 참조)

〈사랑가〉에 이어 〈농부가〉 장면과 극의 끝자락 피날레가 주목할 만하다. 최고의 명창들이 새납(태평소)의 가락에 농기를 앞세우고, 각기 농악기를 직접 다루며 등장하면, 그 뒤에 무대가 가득 찰 만큼의 농부들이 나와 일제히 농부가를 부른다. 모를 심고 덧뵈기춤과 엉덩이춤을 추며 흥겹게 돌아가는 장면은 상상만 해도 굉장했을 것이다.

무대에 전 단원이 나와 몽룡과 춘향의 재봉춘을 축하하는 동헌에서 창극 무대사상 처음으로 등장한 국악반주단의 신나는 반주가 울린다. 이 반주에 맞춰 춘향모(임소향 역)의 익살스럽고 흥미진진한 노래가 이어진다. 처음 들어보는 가사와 가락이 매우 흥미로웠을 것이다.

춘향모 : 도사령아 큰문 잡아라 어사 장모님 행차시다. 춘향을 누가 낳았당가 묻도

　　　　마소 내가 낳제. 장비야 배 다칠라 열녀 춘향 난(낳은)배로다.

　　　　여보시오 여러분들 이내 한말 들어 보소

　　　　아들 낳기를 힘쓰지 말고 춘향같은 딸을 낳아. 곱게 곱게 길러 내어

　　　　한양 사람이 오거드면 묻도 말고 사위 삼소.

　　　　이 궁둥이 두었다가 논을 살까 밭은 살까

　　　　흔들대로만 흔들어보자 얼씨구나 절씨구.

일동(합창) : 영덕정 새로 짓고 새양문이 제격이요

　　　　악양루 높은 집에는 풍얼귀가 제격이요

열녀 춘향이 죽게 될 때 어사 오기가 제격이로다. 얼씨구나 절씨구.

얼씨구나, 아 얼씨구 절씨구 지화자 좋네

얼씨구나 좋다.

(징 소리가 울린다. 배역들이 인사를 한다. 양 옆의 활막이 서서히 닫힌다.)

처음보는 놀라운 무대에 객석에서는 박수소리와 환호성과 아우성이 뒤섞여 관객들이 흥분하지 않을 수가 없었을 것이다. 이렇듯 공연이 크게 성공한 요인은, 연극무대의 모든 기초적인 준비 작업이 완벽했던 점을 들 수 있다. 작가 김용승의 각색은 아니리를 완전한 대사로 바꾸어 연극의 현대 감각을 가미했으며, 정정렬의 작사와 작창은 듣기 편하고 부르기 편하게 만들었다. 그의 연출 또한 '벌림새(사건을 늘어놓는 짓)' 수준이 아닌 배우들의 개성있는 연기의 특성을 최대한 살리며 탈바꿈을 했다.

특히 피날레의 장관은 창극사상 처음으로 시도되었던 오페라의 무대 같았다. 후세의 우리들에게 멋지고 매력적인 작품을 남겨주었다. 조선성악연구회는 조상선·정남희·오태석 등이 주축이 되어 창극의 많은 발전과 현대 연극무대와 아우르는 변혁의 장을 열어 주었다. 새로운 형태의 창극(신창극)의 무대가 뿌리내리며 발전해나갈 최초의 주자가 된 것이다. 춘향전의 성공으로 조선성악연구회는 창극좌로 개칭해 활동했다.

7. 화랑창극단과 동일창극단

조선성악연구회 이후에 활동한 창극단으로는 화랑창극단(1940. 12), 조선창극단(1942. 9), 동일창극단(1943. 4), 조선이동창극단(1944. 6) 등을 들 수 있다.

조선성악연구회에서 이탈한 창극인들이 박석기의 주도로 화랑창극단을 결성해 제 일극장에서 김원학 원작, 박광우 각색, 박생남 연출 〈팔담춘몽八潭春夢〉을 창립공연으로 올렸다. 조선성악연구회에서 각색과 연출을 담당했던 박생남을 비롯해, 한성준 · 조상선 · 박동실 · 이기권 · 김막동 · 장영찬 · 강성재 · 김준섭 · 최명곤 · 임방울 · 김여란 · 조소옥 · 김순희 · 박초월 · 김일지 · 임소향 등이 참가했다.[13]

화랑창극단은 제일극장에서 〈봉덕사의 신종〉, 〈망부석〉, 〈항우와 우미인〉을 발표하며 맹활약을 하였고 이들은 고전극 또는 창악극, 국악극 등으로 칭하던 호칭을 창극이라 통일하도록 하며, 본격 창극무대 공연을 했다. 이쯤 되니 협률사의 창극조 공연이나 야외의 포장 안에서 무대 아닌 무대에서의 연희와 공연조차 서서히 사라져가고 있었다.

1942년 9월 화랑창극단과 창극좌가 합동해 조선창극단을 결성했다. 박석기, 허순구 두 사람이 결성을 주도했고, 가사와 고증은 최남선 · 이보상 · 정노식 · 이광수, 미술은 이은호 · 허백련 · 박승무 · 배운성, 의상은 유자후 씨 등이 지원했다.[14]

조선창극단은 제일극장에서 〈장화홍련전〉(1942. 5), 〈어촌야화〉(1945. 5), 부민관에서 〈춘향전〉(1943. 2), 〈심청전〉 등을 공연했다.

조선창극단의 출연 명창진은 다음과 같다. 김연수 · 오태석 · 정남희 · 조상선 · 백점봉 · 성원목 · 정원섭 · 강장완 · 박구명 · 서홍구 · 채찬식 · 조한중 · 한일섭 · 원옥화 · 오운선 · 박귀임 · 임소향 · 김옥련 · 김란주 · 한애순.[15]

---

13 『매일신보』, 1940. 12. 24.
14 『매일신보』, 1942. 11. 4.
15 『매일신보』, 1943. 5. 2.

동일창극단은 1943년 4월부터 활동을 시작했다. 북선(북조선) 순회공연을 끝낸 뒤, 1943년 9월 8일에 창립공연을 가졌다. 부민관에서 〈춘향전〉, 〈추풍감별곡〉을 공연했다.

동일창극단의 중심인물은 임방울 · 김준섭 · 강남중 · 조몽실 · 박후성 · 박초월 · 조농옥 등이다. 출연 명창진은 정광수 · 조동선 · 김화숙 · 박기채 · 김준옥 · 공기남 · 정창원 · 정창두 · 조영학 · 한갑득 · 조상선 · 박귀희 · 한영숙 · 이귀조 · 임미향 · 임소향 · 이난파 · 윤화자 · 한귀화 등이다. 기획은 김용승 · 이상호, 연출은 김아부 · 조상선, 장치는 함기복 · 강성범, 조명은 천야진 · 김동식, 안무는 한영숙이 담당했다.[16]

동일창극단의 〈일목장군一目將軍〉(1944. 7)의 무대에서 일목장군 역으로 박귀희가 출연했다. 이후 발전하는 창극단으로 거듭났다. 〈일목장군〉의 작가인 김아부는 그 후 최초 여성창극 〈옥중화〉의 실패로 활동이 활발하지 못하다가 1949년 여성국극 〈햇님과 달님〉의 작품 선정과 각색과 연출을 겸하여 대형 창극으로 만들어낸 인물이다. 〈일목장군〉 이후, 십년 동안 많은 주목을 받았으나 〈황금돼지〉로 그의 활동을 마감했다.

2차 세계대전 중에 창극단들은 일본어 창극을 강요받았다. 한편 식량 부족으로 대두박(콩기름 짜낸 찌꺼기)으로 지은 밥을 먹어가며 공연했다. 그러나 창극만은 포기하지 않고 전국 각지 와 만주, 일본까지 누비고 다녔다. 작품들은 관객과 공감할 수 있는 역사물 위주의 창작극이었다.

---

16   『매일신보』, 1943. 4. 16/ 9. 7/ 10. 2.

02

●

광복 이후 창극과 여성국극

1. 창극

1945년 8월 16일, 조선음악건설본부 국악위원회가 결성되었다. 국악위원회는 국악건설본부(8월 19일)를 거쳐, 국악회(8월 29일), 국악원(10월 10일), 대한국악원(1948년 8월)으로 조직을 변경해왔다. 국악회에 참여하지 않은 분들을 중심으로 국악원이 결성되었다. 국악원은 함화진(원장)·박헌봉·유기룡·장인식을 주축으로 운영되었다. 좌익 연좌 문제가 부각되자, 함화진은 혐의자로 피검되었다. 이어 박헌봉이 국악원 원장이 되었다.

박헌봉은 "오랫동안 민속음악을 천시해온 사람들의 그릇된 인식을 깨우침으로써 민속음악을 올바른 위치로 끌어올리기 위해 국악이라는 어휘를 최초로 사용한다"고 밝혔다. 여기서 민속음악이란 전통음악을 뜻한다. 오늘날 국악이라는 용어는 이렇게 성립되었다.

한편, 8·15 광복 후 이왕직아악부는 구왕궁아악부(부장 장인식)로 이름을 고쳤다. 1947년 좌익계 인사의 검거가 한창일 무렵, 장사훈과 성경린의 주동으로 민족음악연구회가 결성되었고, 그들은 「국악건설논의」라는 글을 발표했다. 이 글을 바탕으로 1948년 구왕궁아악부의 '국영안國營案 청원서'가 작성되었다. 이 청원서는 아악부원을 대표하는 이주환 명의로 국회에 제출되었다. 이 국영안은 국회에서 통과되었고, 1950년 1월 국립국악원의 직제가 공포되었다.[1]

국립국악원 직제가 확정되자, 기존의 국악원은 대한국악원으로 이름을 고쳤다. 대한국악원은 1961년 1월 한국국악협회와 통합했고, 국립창극단으로 명맥을 계승했다. 대한국악원은 설립기념 제1회 공연으로 창극 〈대춘향전〉(1946. 1)을 무대에 올렸다. 이 공연의 지도자는 장인식 · 이동백 · 박동실 · 이주환 · 조상선 등이었다.

한편, 광복 후 광주에서는 창악인을 중심으로 광주성악연구회가 발족되었다. 이 연구회에 참여한 사람은 공기남을 비롯해, 공대일 · 공옥진 · 김영애 · 박동실 · 박후성 · 안채봉 · 오태석 · 조동선 · 조몽실 · 조상선 · 주광득 · 한갑득 · 한승호 · 한애순 · 한일섭 등이었다. 광주성악연구회는 직속 창극단을 조직해 광주극장에서 박황 각색 〈대흥보전〉(1945. 10)을 공연했다.

대한국악원 산하에 여러 창극단이 결성되었다. 국극사(대표 정남희, 조상선), 국극협회 및 국극협단(박동실), 조선창극단(안기준), 김연수창극단, 임방울일행 등이 그것이다. 종래의 창극을 계승한 혼성창극단들이다.

국극사(1946~1950)의 단원은 대표를 비롯해, 오태석 · 신숙 · 박귀희 · 유리촌 · 강장원 · 김재선 · 김계종 · 성순종 · 남경홍 · 유기룡(이상은 이사) · 박도아 · 김계화 등이었다. 국극사는 기존의 춘향가, 심청가, 흥보가 창극을 하는 한편, 〈애랑애화〉(1947) 〈선화공주〉(1948. 8), 〈만리장성〉(1950. 5), 〈장화홍련전〉, 〈청산도 절로절로〉, 〈유충렬전〉, 〈신라의 달〉 등, 창작 창극을 공연했다. 6 · 25 때 대표들이 월북함으로써 활동이 멈추었다.

---

1   송방송, 『증보한국음악통사』, 민속원, 2007, 696쪽.

국극협회(1948~1950)의 단원은 대표를 비롯해, 성원목·공기남·김득수·박후성·
신봉학·서정길·한일섭·김소희·박초향·김경애·박숙자·김덕희·박여진·공
옥진 등이었다. 일제강점기에 공연된 〈일목장군〉을 〈고구려의 혼〉(1948. 4)으로 제목을
바꾸어 서울에서 공연했으나, 좋은 성과를 거두지 못하고, 그해 8월 국극협회는 국극
협단으로 개칭하고 광주에서 재출범하였다. 판소리 5가 창극 이외에, 1949년 박황
작·이진순 연출 〈왕자사유王子斯由〉, 박황 작·이유진 연출의 〈예도성의 삼경〉, 〈탄
야곡〉, 〈추풍감별곡〉 등을 서울과 지방에서 공연했다. 6·25 때 대표들이 월북함으로
써 활동이 멈추었다.

조선창극단(1948~1949)의 단원은 대표를 비롯해, 조몽실·정광수·신영채·조동
선·한영호·배금찬·최한영·안태식·김녹주·안채봉·강산월·한애순·박화
선·조도화 등이었다. 창작 창극 고려성 작·박진 연출 〈논개〉(1948. 7), 〈왕자호동〉
등을 서울에서 공연한 후, 이어서 여수 지방공연에 나섰다가 단원 한영호가 콜레라에
걸려 죽자 곧 해산되고 말았다.

김연수창극단(1947~)은 단원은 대표를 비롯해, 박영진·김원석·박봉술·김원길·
이완·박병두·박병기·김옥련·박보아·원옥화·김금련·오동월·박옥진(단종 역)
등이었다. 박진 작·김연수 연출 〈장화홍련전〉(1947)을 서울과 지방에서 공연했고,
김아부 작·박진 연출 〈단종과 사육신〉(1949)을 서울과 지방에서 공연했다. 6·25전쟁
이후에 '우리국극단'이라는 이름으로 꾸준히 활동했다.

임방울일행의 창극활동에 대해서는 알려진 내용이 별로 없다. 그러나 그가 20세기
명창이라는 사실은 널리 알려졌다. 그는 1929년 조선박람회에 전라남도 응원대로 상경
했다. 이때 매일신보사는 내청각에서 조선명창연주회를 개최했고, 임방울은 외숙인
판소리 명창 김창환의 주선으로 대회에 참가해 이름을 널리 알렸다. 그 해에 바로
경성방송국 라디오방송에 출연하고, 유성기 음반을 취입하는 등 활발히 활동하면서
상당한 인기를 누렸다. 이듬해 발매한 콜럼비아레코드 음반 '춘향전 쑥대머리'는 국내,
일본, 만주 등지에서 20여만 장이나 판매되었다. 이는 당시 축음기의 보급률을 감안할

때 기록적인 판매량이라 할 수 있다.

임방울은 동시대를 살았던 김연수와 평생 라이벌 관계에 있었던 것으로도 유명하다. 김연수는 "아녀자들 귀만 호리게 곱게만 허면 그게 소린가? 소리는 성음이 분명하고 이론이 정연혀야지"라고 임방울을 나무랐다. 임방울은 "이면裏面이 소리 망치는 거여. 목구성 없는 것들이 소리를 못하니 이면만 찾어"라고 하며 반박했다. 이것은 두 사람의 서로 다른 판소리관을 보여주는 일화이기도 하다.

기존의 단체 국극사 작품 중에서 〈선화공주〉는 크게 주목을 받았다. 신라 향가 〈서동요〉를 바탕으로 한 이 작품은 유성촌 작·안영일 연출·조상선 편곡이었다. 출연자는 강장원(도창 역)·백인(진평왕)·성추월(왕비)·박귀희(맛동방)·조상선(쇠돌이)·신숙(선화공주)·조순애(시녀)·오태석(상대등)·정남희(석품)·성순종(길치)·김재선(옥사정)·백점봉(사신) 등이었다.

6·25 직후 창극단 활동은 대동국악사, 국악사, 대한국악단로 이어졌다. 1951년 박후성은 대동국악사를 창설했고, 1953년 다시 조직하여 만든 창극단체가 국악사이다. 대구에서 출범한 국악사의 창단공연으로 박황 작·이부풍 연출 〈님은 가시고〉(1951)를 대구극장에서 막을 올렸을 때, 출연자는 김원길·홍갑수·박도아·성원목·성순종 등이었다. 후에 주광득·배금찬·김녹주·성옥란·김준옥 등이 합류하였다.

〈님은 가시고〉(1951)에 이어, 박황 작·박후성 연출(이들은 형제였다) 〈운곡사의 비화〉(1953), 박황 작·이유진 연출 〈일편단심〉, 박황 작·박진 연출 〈사도세자〉 등을 삼남지방에서 공연했다. 1957년 국악사는 대한국악단과 합병했다.[2]

---

2   이상, 창극 자료는 송방송 편, 『한겨례음악대사전』, 보고사, 2012 등 참조.

2. 박녹주와 여성국악동호회

여성국극의 역사에서 첫손을 꼽는 인물은 명창 박녹주(1905~1979)이다. 그녀는 경상
북도 선산에서 태어났다. 12세 때 선산에서 협률사 공연(1917)이 있었다. 이 공연에
자극을 받아 명창 박기홍에게 판소리를 배우기 시작했고, 14세부터 김창환을 따라다니
며 소리를 배우게 되었다. 17세에 송만갑에게 소리를 배우고, 이듬해 한남권번에 소속
되어 활동했다. 그 후 김정문·유성준·정정렬에게도 소리를 배웠다.

박녹주는 조선성악연구회 참여를 계기로 최초로 창극의 스타가 되었다. 춘향 역과
심청 역에서 특히 주목을 받았다. 그녀의 연인이자 동거자인 김종익의 후원도 그녀의
활동에 큰 힘이 되었다. 그녀는 여성국악동호회를 조직했다. 박녹주의 탁월한 판소리
능력과 창극에서 쌓은 음악극의 체험이 여성국악동호회를 만들게 되었고, 〈햇님과
달님〉이라는 여성국극을 창조해낸 성과를 빚었다. 이 동호회를 장기간 유지할 수 없었
지만, 박녹주의 기여와 창업정신은 역사에 빛나고 있다.[3]

여성국악동호회는 1948년 9월 1일 창립되었다. 대한국악원 산하 단체의 하나이고,
여류 명창들이 중심인 단체였다. 회장 박녹주, 부회장 김연수와 임유앵, 총무는 조유색
이었다. 임원은 박귀희·김소희·한영숙·김농주·성추월·신숙 등이고, 단원으로
김봉선·김선희·김옥련·김춘녀·박초월·박초향·박연심·박금향·박춘자·방
금선·백운선·성정애·심금선·오춘홍·윤지홍·윤성옥·윤옥·이진화·이봉
선·이춘선·임소향·임춘앵·장미호·조선옥·조농옥·조농월·홍부용 등이 참여
했다.[4]

표면 기록은 보이지 않지만, 이 동호회가 만들어지는 과정에는 박석기의 자문과
후원, 김주전의 기획력이 배경을 이루었다. 일제강점기 창극에서 박녹주는 최고의

---

3   국창 박녹주, 〈명창 박녹주기념사업회 기록자료〉, 2002. 5. 참조.
4   〈옥중화〉 초연의 신문 광고, 『서울신문』, 1948. 10. 24 참조.

스타였다. 그러나 8·15 이후 40대 중반의 박녹주는 주역을 맡기 어려운 나이였다. 일제강점기 창극이 인기 상승을 달리고 있을 때, 장안의 여성 명창들은 창우(창극배우)로서 무대에 서보는 것이 유일한 희망이며 꿈이었다.

그러나 당시의 사회 질서는 권번 출신이라는 이유만으로 그들의 공정한 권리와 인격과 처우를 인정하지 않았다. 심지어 창극단에서도 권번 출신(기생 배우)들의 입단을 꺼려하는 상황이었다. 이런 상황에서 박녹주는 최고의 스타가 되었고, 광복 후에는 새로운 길을 모색해야 했다.

명창 박녹주 여사

광복이 돼서 처음 한 일이 여성국악동호회 결성이다. 그때 서울에는 국극사, 조선창극단 등 남자들이 이끄는 예술단체가 있었다. 그런데 이들은 모든 운영이 남성 위주였고, 여성들은 꽤 푸대접받는 편이었다. 이에 항시 불만을 품고 있다가 내(박녹주)가 주종이 돼서 순전한 여성단체를 만든 것이다. …(중략)… 이때 배역 때문에 골치를 썩였다. 모두가 좋은 역만을 맡으려고 시샘을 했다. 시시한 걸 맡으면 남편이 못 나가게 한다고 강짜를 부리는 것이었다. 사령과 역졸, 농부 등 시시한 것은 절대 못하겠다는 투였다. 화가 난 나는 솔선수범해서 시시한 행수기생 역을 맡았다. 그랬더니 다른 사람들도 불평을 못하고 단역을 맡아 했다. 또 이도령 역의 임춘앵도 부군이 못 나가게 한다고 해서 내가 직접 임춘앵의 부군을 만나 설득을 했다.[5]

3. 〈옥중화〉

박녹주의 동호회는 〈옥중화〉(1948. 10)와 〈햇님과 달님〉(1949. 2)을 통해, 이름 그대로 본격적인 여성국극을 시작했다.

〈옥중화〉(5막 9장)는 시공관(현 명동예술극장)에서 공연되었다. 널리 알려진 대로, 이 작품은 〈춘향전〉의 다른 이름이다. 김무하 각색 · 김아부 연출 · 박녹주 작곡 · 박성옥 음악 · 김소희 안무 · 김주전 진행이었다.(당시 광고 참조) 박녹주가 춘향 역을 했던 1936년 9월의 조선성악연구회 〈춘향전〉을 상기시키는 작품이었다.

배역은 임춘앵(이몽룡), 김소희(성춘향), 임유앵(월매), 김경희(방자, 김소희 동생) 등이 맡았다. 당시 이몽룡 역을 박귀희가 맡는다는 신문광고가 있지만, 그녀는 출연하지 않았다. 같은 시기에 박귀희는 극단 국국사의 〈선화공주〉에서 맛동방(서동 역)으로 출연하였고, 박귀희의 상대역은 신숙(선화공주)이었다.

여기서, 〈옥중화〉에 관한, 다른 후일담 하나를 더 소개해 두고자 한다. 1953년 정초 여성국극동지사에서 부산극장의 〈대춘향전〉 공연을 마치고, 다시 부산 초량에 있는 중앙극장에서 재공연 때의 일이다. 낮 공연을 마치고 쉬는 시간이었다. 2월이라 아직 추웠다. 전쟁 중이라 난방기구는 큰 드럼통을 반으로 잘라 흙을 가득 채운 위에 참숯불을 피운 화로 하나가 분장실 가운데에 놓여 있는 것이 전부였다.

그 시기에 초량의 중앙극장에 가면 꼭 먹어봐야 한다는 별미인 냄비우동이 어른들의 숫자만큼 화롯가에서 끓고 있었다. 그런 속에서 어른들의 이야기가 시작되었다. 나는 분장실 구석에 빨래 줄 마냥 길게 걸어 놓은 의상 뒤에 앉아 있었다. 어른들이 음식을 먹고 있으니 밖으로 나가고 싶어도 나갈 수 없었다.

임유앵이 말했다. "참말로 그때게(그때에)는 징허게도 손님이 안 와부럿땅께. 빚(사채)

---

5   박녹주, 『나의 이력서』, 한국일보, 1974. 2. 12 참조.

                        여성국극의 뒤안길

여성국악동호회 첫 작품,
공연 포스터(1948. 10. 24.)

한질라(까지) 몽땅 내갖고 경비가 솔찬이(꽤 많이) 들었든갑든디, 뭣이 와야 말을 허제.
참말로 우리 그때게 고생들 많이 했제.”

　박의숙(옥중화 출연시 개명)이 말했다. “아이고 징허요. 그때 생각하면 몸서리 나요.
형님”

　다시 임유앵이 말했다. “그래도 말이여, 우리 동생(임춘앵)허고 소희(김소희)가 소리
험시롱 벌림사(춤이라는 어른들의 은어)를 뒤집어지게 추어 놓은 것이 그 대목에 가서는
영락없이 박수가 터져 나와부럿제잉. 내 생전에 처음으로 원 없이 박수 한번 받어
봤구만. 같이 앉았든 어른들도 암언, 춤이사 춘앵이 따라갈 사람 없제. 그라제.”

　후에 어른들의 말하기를, 임춘앵의 춤 장단(장고와 구음)과 깽메기(꽹과리)는 언니인

임유앵이 도맡아 쳐주었단다. 임춘앵과 김소희의 춤장면을 많이 보여주었다고 했다.

〈옥중화〉 공연은 관객의 호응을 받지 못했다. 과거의 대명창들과 젊고 실력 있는 명창들이 출연했던 창극과는 비교할 바가 못되는, 협률사의 창극조에 훨씬 가까웠다 했다. 장치는 원우전의 역작으로 대단히 웅장하고 훌륭하였으나 무대에서 벌어진 연극은 너무 가난해 보였단다. (방태진의 증언) 여류 명창들의 의욕은 대단 했으나 결과는 실패였다. 박녹주는 많은 부채를 떠안게 되었으나 개의치 않았다.

4. 〈햇님과 달님〉

여성국악동호회는 이듬해 두 번째 작품 〈햇님과 달님〉을 내놓았다. 일제강점기 화랑창극단과 조선창극단을 주도했던 담양의 재력가 박석기의 지원과 김아부 작·연출, 조상선의 작창으로, 명동 시공간에서 1949년 2월 20일 막을 올렸다. 기존 판소리 바탕의 창극이 아니라, 서양의 푸치니의 오페라 〈투란도트〉(1926)를 우리의 정서에 맞게 번안하고 창곡을 붙인 새로운 시도였다.

배역은 김소희(달님공주, 투란도트 역), 박귀희(햇님왕자, 칼라프), 정유색(여왕), 박녹주(준왕), 성추월(고마불), 김경희(부르네), 조농옥(오사마), 김소녀(진달래) 등이었다. 〈옥중화〉의 출연진과 차이가 있다. 동호회를 떠난 사람보다 새로 등록한 인물이 더 많았다. 총 사십여명이었다. 연출자 김아부는 동경유학파로서 유학 중 다까라즈까 소녀가극단이나 오페라 〈투란도트〉의 공연을 보았음직하다.

〈투란도트〉의 번안이라고 했으니, 간략히 그 내용을 소개해 두기로 한다. 베이징 황궁 앞에 군중이 모여 있고, 투란도트 공주의 수수께끼 같은 시험에 합격하지 못하면 누구든 목숨을 내놓아야 한다. 이런 분위기에서 페르시아 왕자가 달이 떠오를 때 참수된다는 불안한 소식이 전해진다. 전쟁에 패해 신분을 속이고 방랑 중인 티무르Timur 왕은 죽은 줄 알았던 왕자 칼라프Calaf를 그곳에서 만난다. 투란도트의 모습을 본 칼라

〈햇님과 달님〉 재공연
『경향신문』(1949. 5. 19.)

프 왕자는 단번에 마음을 뺏기고 만다. 아버지와 충실한 노예 류Liu의 반대에도 칼라프는 사랑을 쟁취하겠다고 다짐한다. 다른 신하들도 반대하지만 그는 듣지 않는다.(제1막)

공주는 자기가 얼음처럼 차가운 사람이 된 이유를 설명한다. 공주의 어머니가 황궁을 침범한 타타르인에게 능욕을 당해 세상을 떠난 뒤, 자신은 모든 인간에게 복수하기로 다짐했다는 것이다. 공주는 칼라프에게 세 가지 수수께끼를 낸다. "매일 밤에 태어나서 매일 낮에 죽는 것은 무엇인가?" 칼라프는 '희망'이라는 정답을 맞춘다. 공주는 약속대로 미지의 청년과 결혼해야 할 처지가 된다. 그런데 칼라프는 24시간 안에 자기 이름을 알아내면 자신을 옥에 가두어도 좋다고 제안한다. 공주는 백성들에게 청년의 이름을 알아맞힐 때까지 잠을 자서는 안 된다는 명령을 내린다.(제2막)

베이징은 잠 못 이루는 도시가 된다. 칼라프의 아리아 〈누구도 잠들면 안 된다〉가 울린다. 돈에 눈이 먼 '핑, 팡, 퐁'은 칼라프에게 "그대의 이름만 알려주면 온갖 재물과 아름다운 여인은 물론이고, 베이징에서 멀리 도망칠 수 있는 방법까지 알려주겠다"고

유혹하지만 하지만, 그는 모든 제안을 거절한다. 노예 류는 부왕의 정체가 탄로나서 고문당하는 모습을 보고 괴로워한다. 류는 참을 수 없게 되자, "저만이 그 젊은이의 이름을 압니다"라고 말한다. 공주는 다시 류를 고문하기 시작한다. 류는 공주에게 "그대는 얼음같이 차갑기만 하다"라고 말하며, 자살한다. 공주는 류의 살신성인에 감동해 마음이 녹기 시작한다. 다른 사람을 위해 자기 목숨을 던지는 결단에 감동한 것이다. 칼라프가 등장해 혼란스러운 공주에게 입을 맞춘다. 투란도트는 칼라프의 팔에 안겨 처음으로 따뜻한 사랑의 감정을 느낀다. 공주는 군중에게 "이제 이 사람의 이름을 알았도다. 그의 이름은 사랑이로다!"라고 말하며 행복한 노래를 부른다.(제3막)

이 작품은 때마침 한국을 찾은 유엔한국위원회의 대표단을 환영하는 공연으로 채택됨으로써, 작품 홍보에 더욱 탄력을 받게 되었다. 8·15 광복 후 외세의 간섭을 받지 않으려는 우리 정부의 강력한 반대에, 이를 중재하기 위해 유엔한국위원회의 각국 대표들이 입국했다. 이들을 위한 국가 차원의 특별한 환영행사를 하게 되었고, 동호회는 기적 같은 행운을 맞은 것이다. 외국인들의 공연 반응은 우호적이었다.

> 한국의 오랜 역사 속 전설을 극화한 것으로 그 내용과 가사는 우리가 이해하지 못하였으나 창의 리듬과 동양적인 정서를 표현한 극치의 예술에는 감탄을 금키 어려웠다. 고전적인 화려한 의상이라든가 연기는 구미 각국에서도 찾아볼 수 없는 독특한 예술이었다. 여자들만이 표현하는 우아하고 고상함을 느끼었는데 이는 한국의 높은 문화수준의 일단을 엿볼 수 있는 것으로 감명이 깊었다.[6]

이 작품은 당시 최대의 무대로 기량과 위상을 자랑하며 대구와 부산의 공연길에 올랐다. 부산공연은 부산역 옆 광장 가에 있는 공회당에서 가졌다. 공연 첫날부터

---

6   유엔 비서 베르트 하이머와 『동아일보』 기자의 〈햇님과 달님〉 관람소감 인터뷰.

광장을 꽉 메운 인파에 밀려 공회당의 문을 닫을 수가 없어 공연을 제시간에 시작하지 못했다. 서로 입장하려 밀치고 덮치는 부산역 광장은 아수라장이 되고 말았다. 결국 부산경찰서 기마대가 출동하여 겨우 수습되어 공연을 마쳤다. 인근의 마산, 김해, 진해, 동래에서도 관객이 몰렸다.

박녹주가 밝힌 후일담에 의하면, 〈옥중화〉 서울 공연은 30만 원의 적자를 냈다. 원우전(1895~1970, 최초 조선 무대미술가)의 장치 제작이 너무 화려하고 웅장하게 만들었던 까닭이다. 그러나 〈햇님과 달님〉의 부산역 앞 공회당 공연은 사람이 너무 몰려와 출입이 어려울 정도였다. 어느 임산부는 밖으로 나오지 못해, 공연 도중에 아기를 낳았다. 큰 경사라고 해서, 부산 주최측에서 3만 원, 동호회측에서 2만 원으로 출산축하금을 주었다. 그 아이 이름을 햇님이라 지어 주었다고 한다. 그 동안 진 빚은 갚고도 남았다.[7]

같은 시간에 창극단 국극사는 부산극장에서 〈만리장성〉(1950)을 공연 중이었다. 장영찬과 신숙이 주연이었다. 공회당으로 관객이 몰리다보니 부산극장에는 관객이 삼분의 일도 안 되었고, 극장측에서 공연 중단을 요구하고 나섰다. 국극사는 할 수 없이 인근 소도시의 삼류극장으로 밀려나야 했다. 창극단으로서는 처음 당하는 치욕이었다. 창극계와 여성국극과의 은원恩怨 관계는 이때부터 점점 깊어졌다.

온 세상이 〈햇님과 달님〉으로 열광한 까닭이 무엇일까. 창극의 새로운 형태 여성국극은, 판소리 바탕의 스토리 진행형으로 기존 창극의 격조를 앞세우던 구태일색의 창극무대를 완전히 탈피하고, 새로운 이야기를 내놓았다. 또한 창극의 근본인 창과 음악은 중시하되 무용을 더욱 살려 창극의 현대화를 시도한 것 때문이라고 여겨진다. 여류 명창들만의 창, 무용, 악, 극으로 새로운 여성국극을 탄생시키며 창극역사에 기록될 변혁을 창출한 것이다.

---

7   박녹주, 앞의 글, 참조.

창극계에 여성국극이란 새로운 장르의 무대가 탄생하기까지 여성국악동호회의 조직과 〈옥중화〉의 제작을 거쳐 〈햇님과 달님〉이 성공에 이르기까지 1936년에 신창극의 1호 여성 창우였던 박녹주의 노력과 공로는 여성창극계의 역사적 인물로 평가받아 마땅할 것이다. 부산 공연도 성공리에 마치고 서울로 돌아온 동호회는 그동안 많은 수입으로 〈옥중화〉 제작으로 생긴 부채를 모두 정리했다.

종로 익선동에 번듯한 사무실도 갖게 되었다. 시내 여러 극장에서의 초청 공연 스케줄 때문에 바삐 움직였으며, 동호회의 출연자 대부분이 연륜이 깊고 개성이 강하고 나름대로 실력자이고 보니, 자존감이 뚜렷했다. 동호회 공연이 많아지고 인기는 날로 올라가고 있으니 개개인의 요구 조건도 많아 질 수밖에 없었다. 그들의 주장이 무시되면 연극 안하면 그만이라는 생각으로 예고도 없이 떠나버렸다.

급히 다른 사람으로 대체해 일단은 막을 올리고 나면, 또 다른 사람이 떠나는 일이 반복되고 보니, 동호회의 속사정이 복잡하게 되었다. 배우들이 단체를 떠나는 이유에는 여러 가지가 있을 수 있지만, 배역에 대한 불만과 함께 단체의 수입에 따른 출연료의 인상이 우선했다고 볼 수 있다. 실제로 박녹주 회장이 빚을 갚으려 하는 것은 단원 누구나 이해할 수 있었지만, 수입의 배분에 인색했던 요인이 이탈과 무관했다고 보기는 어렵다.

5. 김주전의 활약

박녹주의 여성국악동호회에서 김주전의 여성국극동지사, 다시 임춘앵의 여성국극동지사로 발전한 중간에서 기획가 김주전의 활약을 빼놓을 수 없다. 나는 당시 활동했던 선배 배우들의 이야기를 누차 들은 기억이 난다. 내가 동지사에 입단하기 바로 전에 일어났던 역사적인 화제들이다.

김주전은 북한 함흥지역에서 활동하다가 광복 후 서울로 내려온 공연기획자로서,

김향(극작가, 국악인 박옥진과의 사이에서 배우 김성녀가 출생했다)·박호(악극단 운영)·전옥(배우)·전황(전 국립창극단장) 등과도 친분이 두터운 인재였다. 그는 미남형이라기보다는 수완가형이었다.

〈황금돼지〉(1949. 11)는 지금도 몇 가지 오해가 그대로 전해지는 작품이다. 이 작품이 박녹주가 주도한 동호회의 작품인가, 아니면 김주전이 주도한 여성국극동지사의 작품인가 하는 점, 김주전의 여성국극동지사라면 임춘앵의 여성국극동지사와는 무슨 관계인가 하는 점이 명확히 밝혀지지 않았기 때문이다. 이러한 오해는 〈황금돼지〉가 〈햇님과 달님〉의 후편이었다는 사실과도 무관하다고 볼 수 없다.

먼저, 김주전이 여성국극동지사를 만든 경위를, 내가 아는 대로, 기록해두고 싶다. 김주전은 김아부 작·연출 〈황금돼지〉(4막 5장)를 국도극장(현 대한극장)에서 공연했다. 〈햇님과 달님〉의 후편이라 했다.

김주전은 〈햇님과 달님〉 공연이 진행되고 있을 때, 여성국악동호회를 떠나는 배우들이 적지 않고, 박녹주의 통솔력 자체가 붕괴되어 가는 현실을 목도했다. 분명 공연은 인기를 끌었고 수입을 많이 올렸는데, 왜 배우들은 동호회를 떠나는 것일까. 이런 와중에 충청, 호남지방에서 공연 일정을 논의하자는 연락이 빗발쳤고, 나머지 서울 공연도 우려되는 형편이었다. 그는 여성국극의 무한한 잠재력과 가능성을 알아채고 있었다. 그는 박녹주를 떠나 독립하기로 마음먹었다.

김주전은 재빠르게 움직였다. 작가 겸 연출가인 김아부와 재력가이자 일제강점기 화랑창극단을 운영했던 박석기 등의 조언을 받았다. 아마도 이런 분들로부터 유능한 인재들이 뿔뿔이 흩어지는 것을 그대로 지켜보지 말고, 새로운 단체로 결속시켜 보라는 충고를 들은 것으로 여겨진다. 그는 '여성국극동지사'라는 정식 여성국극단을 만들었다.

우선 출연자들을 모아야 했다. 그는 〈옥중화〉에서 함께 했던 임춘앵(이몽룡 역)을 끈질기게 설득하여 포섭하는데 성공했다. 그리고 임춘앵으로 하여금 주변의 동료들을 끌어들이도록 유도하여 출연진을 확보했다. 그때, 동지사의 명단을 살펴보면, 동호회에서 이탈한 박초월·임유앵·성추월·조농옥 이외는 임춘앵의 동기와 후배로 20대

초, 중반 젊은이들 대부분이다. 임춘앵은 26세였으니, 동지사의 출연진은 동호회보다 훨씬 젊고 의욕이 강한 팀이 되었다. 임춘앵이 박석기의 제자라는 사실을 여기서 제외하고 생각하기 어렵다.

당시 여류 명창들의 유일한 조직인 동호회에도 나름대로 결속력과 규율이 있었다. 그런데도 김주전의 속삭임에 임춘앵은 과감히 대선배들에 맞서는 동호회 탈퇴라는 결단을 내린 것이다. 엄밀히 말하면, 전격적으로 새 단체를 만든 김주전의 배신이지만, 한편으로는 '임춘앵의 배신'이라는 누명도 벗어나기 힘든 사건이었다.

오해의 불씨가 된 당시 신문광고면을 보기로 한다.

⑦ 1949년 11월 9일부터 〈햇님과 달님〉의 제2탄 〈황금돼지〉를 국도극장에서 공연 한다는 신문광고이다. 상단에 가로로 여성국극동지사란 글씨가 가느다랗게 쓰여 있고 〈햇님과 달님〉이란 글자는 대담하게 굵게 대각선으로 중앙을 가로질러 써 놓았다. 누가 봐도 〈햇님과 달님〉의 선전 같아 보인다. 〈제2탄 황금돼지〉란 글씨는 돋보기로 봐야 할 정도로 아주 작다. 신문발행 날짜가 공연 시작 전 7일인 것으로 보아 〈햇님과 달님〉 인기로 선전효과를 얻으려 했던 의도가 다분히 보인다.[8]

⑭ 〈황금돼지〉의 홍보물임이 분명한 내용이다. 역시 여성국극동지사의 이름으로 되어있다 신문 발행일이 11일 인 것이 (그 사이에) 동호회 측의 문제 제기가 있었던 것일까. 공연 시작 3일만의 일이다.[9]

⑮ 동지사의 〈황금돼지〉가 끝나기를 기다렸다는 듯이, 여성국악동호회가 11월 18일부터 〈햇님과 달님〉을 부민관(서울시의회)에서 공연한다는 내용의 광고물이다. 그

---

8 반재식, 『임춘앵전기(여성국극왕자)』, 백중당, 2000, 115쪽 참조.
9 반재식, 위의 책, 116쪽 참조.

런데 동호회의 선전물 역시 '후편'이란 작은 글씨가 보인다. 왜 무엇 때문에 후편이란 두 글자를 썼는지 아무리 보아도 혼란스럽다. 그러나 출연자 명단을 보면, 먼저와 전혀 다른 이름들이다. 이미 동호회 회원들이 교체된 것을 알 수 있다. 또한 후편이 아니라 〈햇님과 달님〉의 재공연이었다.[10]

이상의 신문광고면은 동호회와 동지사의 갈등을 엿보게 한다. 짐작하건데, 광복 후 복잡했던 우리 정치와 사회에서 그리고 문화예술계 역시 정립되지 않은 규범과 무질서 속에서 비정상적인 일들이 비일비재하게 일어났음을 말해준다. 지금으로부터 70여 년 전 공연기획팀의 유치하고 얄팍한 홍보 수단이었다고 생각된다. 요즘 같은 세상에서는 어림없는 일을 거리낌 없이 진행한 것이다.

김주전이 주도한 〈황금돼지〉는 '돈이라면 무슨 짓이든 하는, 타락한 인간'들을 비유한 것이다. 〈황금돼지〉의 배역은 햇님왕자(임춘앵 역), 달님공주(박초월), 여왕(성추월), 부르네(김임수), 고마불(조농옥), 황금돼지(김경희) 등이었다. 지방공연에는 박초월이 아닌 김경애가 달님공주 역, 조금앵이 황금돼지 역으로 출연하였다. 출연자로는 임유앵·박연심·안채봉·김인수(임수)·박봉선·한애순·원옥화·양옥진·성금련·김경애·김영자·김일선·임혜숙·임혜란·김선희·강옥주·조금란·조미연·이은파·박농월·조농선·김인수(진진)·김봉선 등이었다.

〈황금돼지〉는 대호평을 받았다. 관람객들은 볼거리도 많고 무대에 황금돼지가 살아서 왔다갔다 하며, 〈햇님과 달님〉보다 더 재미있었다는 평도 있었다. 대본과 연출을 맡았던 김아부는 유명인다운 실력을 보여주었다. 작품을 위해 많이 고민한 내용을 드러내었다. 출연 희망자가 넘쳐나 김아부의 구상대로 오페라 스타일로 풍성하고 만족스러운 무대를 만들었다. 출연 예정자가 20, 30명에 달했다.

---

10   반재식, 위의 책, 118쪽 참조.

김아부는 출연자 개개인의 기량에 맞게 그들의 실력을 염두에 두고 대본을 만들었다고 했다. 중요 등장인물을 최소한 소수로 타이트하게 하며, 황금돼지의 탈을 만들고 특수의상 제작으로 무대에 등장시켜, 재밋거리 위주의 황금돼지로 만들었다. 자연히 흥행에도 성공하게 되었다.

6. 박석기와 김소희

박석기(1899~1951)는 전라남도 창평군 창평읍(현 담양군 창평면)에서 태어났다. 대지주 박진규의 차남이다. 창흥의숙, 창평보통학교, 경성고등보통학교(현 경기중학교), 일본의 프랑스계학교, 일본 교토제3고등학교(현 교토대학교 교양과정부)를 거쳐, 1924년 경 도쿄제국대학 법문학부 불문학과를 졸업했다. 관직을 맡으라는 주위의 권유가 많았지만, 귀향해 전통음악을 계승하는 일에 매진했다. 백낙준(1876~1930)에게 거문고를 배웠다. 고향 지실에 초당(전통음악학교)을 마련하고 후진을 양성했다.

한갑득(1919~1987)은 그의 수제자이다. 또한 초당에서는 박동실이 판소리를 가르쳤는데, 김소희, 박귀희, 한승호(한갑득의 동생), 박녹주, 임유앵, 임춘앵, 박후성, 한귀례, 한애순, 박송희, 장월중선 등이 제자들이다. 화랑창극단과 조선창극단을 직접 운영하며 김소희와 함께 창극운동에 매진했다. 광복 후에도 제자인 여류 명창들을 도와 여성국극 창작의 지도자로 활약했다.[11]

김소희(1917~1995)는 전라북도 고창군 흥덕면에서 출생했다. 송만갑·박동실·정정렬·임방울·이화중선에게 판소리, 전계문에게 가곡, 김용건에게 거문고, 김종기에게 가야금, 정성린에게 무용, 신호열에게 서예 등을 배웠다. 조선성악연구회가 공연한

---

11   김우진, 『효남 박석기』, 국악누리, 2015, 9~10쪽 참조.

〈배비장전〉에서 애랑 역을 맡은 후 숱한 창극에 열연했고, 광복 후에는 여성국극을 이끌었다.[12]

7. 여성국극에 대한 논란

여성이 남자 역을 하는 것을 여성국극으로 보아야 하느냐, 여성의 남자 역만이 아니라 여성들만으로 하는 창극을 여성국극으로 보아야 하느냐에 따라, 여성국극의 정의는 달라질 수 있다. 전장에서 「만세보」의 기사를 소개했다. 12세의 동기童妓 연화가 향단 역, 12세의 계화가 춘향 역을 했다는 내용이다. 창극이 성립될 때부터 여성이 남자 역을 한 것이 분명하다.

> 1917년 한남기생조합에서는 〈구운몽연의〉를 공연했다. 성진 역의 계옥과 육관대사 역의 남수가, 남성 역을 훌륭하게 소화하고, 음악수준은 감동할 만했다.[13]

> 1919년 말에 서울에 한성 · 한남 · 대정 · 대동 · 경화 등 5개 권번이 정립되어 서로 경쟁했다. 종래의 기생조합이 권번으로 개편된 것이다. 창기娼妓의 조합이던 신창조합이 1916년에 경화권번으로 개명하게 됨에 따라 기생과 창기의 구별이 모호해졌고, 그들의 기예 내용이나 수준도 하향 평균화되었다. 각 권번은 극장을 대관해놓고 판소리와 민요, 창극과 재담극, 신파극과 무용 등, 다양한 레퍼토리를 경쟁적으로 준비해 공연했다.[14]

---

12 명창 김소희, 방일영국악상 조선일보 기록자료 참조.
13 『매일신보』, 1917. 12. 2.
14 서연호, 『한국연극사』 근대편, 연극과인간, 2003, 143쪽.

동양극장 창극단 제1회 창극 〈춘향전〉 공연(1936. 3. 23~25), 역할, 춘향 박무선(17세, 광주 명기), 향단 박농주(16세, 장성 명기), 이도령 박녹주(17세, 광주 명기), 춘향모 김옥진(33세, 부안 여류명창), 방자 전명옥(18세 광주 명기), 검무 박봉선(19세, 광주명기), 신무예 성도화(18세, 광주 명기), 여창 김부용(19세, 장성 명기), 소녀명창 김애선(7세).[15]

〈일목장군〉(1944. 7)의 줄거리는 다음과 같다. 신라와 당나라 연합군에 의해 고구려가 망하게 되자, 한반도 북부는 신라에 귀속되고, 만주의 서북지방은 당나라 소유가되었다. 당나라 군과 싸우다가 한쪽 눈을 실명한 고구려의 유장 일목장군(박귀희 역)은 당나라 현감의 눈을 피해 고구려 패잔병을 규합하여 실지 회복을 도모한다. 고구려유민들은 촌장의 딸 아라주(박초월 역)를 중심으로 혼연일체가 되어 궁시창검弓矢槍劍과 군복을 만들고 군량미를 비축하여 일목장군을 도왔고, 일목장군은 변방에 있는 성을 차례로 회복했다.[16]

이상의 자료는 모두 여성이 남자 역을 했을 뿐만 아니라, 여성들만으로 공연을 했다는 일부 내용이다. 그러나 이상의 자료들을 면밀히 검토해보면, 여성들만의 공연이기는 했지만, 대부분이 판소리 분창에 치중해 연극 구성이나 무대예술로서 통일성이부족했다는 점을 그대로 지나칠 수 없다. 박녹주의 여성국악동호회를 여성국극의 본격적인 시작으로 보는 것은, 이러한 연극적인 조건을 종합해 충족시킨 까닭이다.

---

15   대한민국역사박물관 소장자료집 #6, 『일제강점기 극장문화』, 2020, 227쪽.
16   박황, 『창극사연구』, 백록출판사, 1976, 125쪽.

03

여성국극 배우가 되기까지

1. 나의 어린 시절

나는 아버지 조몽실曺夢實(1902~1953)과 어머니 강순분姜順粉(1900~1973)의 외동딸이다. 두 분이 혼례를 올린 지 17년만인, 1934년 3월 3일(음력)에 태어났다. 전남 광주 황금정(현 충장로)이 출생지다. 아버지가 혼례식만 올리고, 그 길로 판소리를 하려고 가출해버려 어머니는 오랜 세월을 홀로 지냈다. 자식이 생길 리 만무했다.

아버지는 서편제의 시조 정창업의 수제자 김창환의 마지막 제자였다. 1930~40년대의 판소리계에서 방안소리의 일인자로 알려진 실력자 창악인이였으며, 당시 활발했던 신창극 무대에서도 활약했던 창극인이기도 했다.

이 시기에 많은 창극단이 조직되었고, 공연이 많아지자 전국 주요 도시는 물론이며, 만주나 일본까지 진출하게 되었다. 전라남도의 각 읍면에서 창극인이 많이 배출되었다. 창극인 가족들은 공연 중인 부모의 안부조차 쉽게 알 수 없이 살아야 했다. 집안의 대소사가 발생해도 알릴 길이 막연했다. 제일 빠른 통신 수단은 우체국에서 전보를 치는 것이었으나 행선지를 몰라서 전보를 치는 것도 난감할 때가 많았다. 부모가 출연하는 공연이 광주에서 벌어지면, 가족이 몰려와 만나는 일이 벌어지고는 했다.

광주 공연은 비교적 잦은 편이었으니, 전남의 각 지방에서 흩어져 거주하던 가족이 광주 시내나 인근으로 옮겨와 사는 집이 여럿이었다. 내가 전해들은, 이사 가족은 박동실, 오태석, 성원목, 공대일, 정광수, 한갑득, 한승호, 임방울, 김채만 가족 등이다. 명창 선생이 이주하니, 그 제자들도 광주로 와서 산 사람들도 많았다.

어머니 역시 혼례식을 치룬 뒤, 광산군 풍암면 화개동 큰댁에서 지내다 광주로 옮겨왔다. 외조부가 혼수로 장만해준 재봉틀(싱거)로 삯바느질을 하며, 비슷한 처지의 창악인의 가솔들과 서로 의지하며 살았다.

1933년 아버지가 소속된 창극단이 광주에 공연을 왔었다. 마지막 공연이 끝나면, 으레 회식이 열렸다. 회식자리에서 광주 여성 창악인들과 창극단 단원의 부인들이 참석하여 의도적으로 아버지에게 술을 취하도록 권했다. 만취상태의 아버지를 부축해 어머니방에 밀어 넣고, 밖에서 문고리에 수저를 꽂아 놓고 갔단다. 술 취해 잠자는 아버지 옆에 앉아 어머니는 한숨만 쉬고 있을 때, 안집의 마루에 걸려있는 괘종시계가 두 번을 치니 조용한 새벽이라 유난히 크게 들렸단다. 시계 소리에 눈을 뜬 아버지는 앉아있는 어머니를 발견하고 놀래며 일어나 앉았다. 머리맡의 자리끼(물그릇)를 들어 물을 마시고, 말없이 앉아 있더니 슬그머니 어머니를 끌어당기더란다.

다음해, 음력 삼월 삼짇날 내가 태어났다. 삼짇날 태어났다 하여 아명이 '삼질이'였다. 그 시절에는 귀하게 태어난 아이들을 절에 파는 전례가 있었다. 수명장수를 기원하는 일종의 의례였다. 불교 조계종의 오대 사찰인 순천 송광사에 어머니는 나를 팔았다.

여성국극의 뒤안길

송광사 큰스님이 써 준 조영숙의 사주

그리고 공물을 헌납했다.

　공물은, 송광사 본존불 머리 위에 고운 천으로 막을 치는 정幀, 스님들의 붉은 가사 세 벌, 내 외할머니가 손수 길쌈하여 짠 보름세 무명(제일 가느다란 날실로 짠 최상품) 세 필 등이었다. 큰 스님이 내 이름을 짓고, 거기에 주역으로 풀이한 내 사주를 직접 써서 주었다. 이 사주단자는 88년이 지난 지금도 간직하고 있다.

　아버지는 지방 공연 중이라 어머니의 전보를 받고 태어난 지 '셋째 이래'가(셋째주, 즉 삼주) 지나서야 나를 보러 왔단다. 아기를 낳느라고 고생 했다며 거금을 주고 아버지가 떠나가니, 또다시 소식조차 알 수 없는 생활이 계속되었다. 어머니는 어린 딸의 장래에 많은 고민을 했고, 그 결과 내 딸만은 절대 광대의 딸로 키우지 않으리라 작정했다. 이듬해 딸의 돌잔치를 마치고, 함경남도 원산으로 천리길을 떠났다. 제일 가깝게 지냈던 박동실 명창의 부인과 한갑득의 모친 주소를 받아들고 갔다. 위급한 일이라도 생기면 연락을 하려는 의도였다. 외가의 큰이모에게만 행선지를 알려주었다.

2. 원산에서 학창 생활

원산은 어머니에게 사고무친한 곳이다. 1935년, 삼십 세 중반의 여인으로 어머니는 어린 아기를 키우며 꿋꿋이 견디며 살았다. 전라도 '개똥쇠'라는 멸시와 핍박을 당하며, 말로 형용할 수 없는 험한 일을 하고 살았다. 마산집이란 국밥집에서 숙식 제공 조건으로 일거리를 얻었다. 식당 부엌방이 모녀의 거처였다. 북쪽 지방에는 흔히 부엌방이라는 것이 있었다. 부뚜막 가마솥 뒤, 안방 벽과의 사이에 한 평 남짓의 구들장을 놓고, 그 위에 갈대로 짠 노전자리를 깔아 놓은 곳이다. 아궁이의 불길이 제일 먼저 통과하는 곳이다.

가마솥에 혹여 아이가 데일까 나를 업고 종일 부엌일을 했단다. 국밥집 일이 익숙해지자 주인 할매의 주선으로 밤이면 해안통이란 바닷가에서 명태밸(뱃속에 담긴 창자) 따는 일을 하며 비로소 돈을 받아 조금씩 모으며 살아갔다. 국밥집에서 살 때, 아버지가 찾아왔다. 아버지가 세수 비누 찾는 것을 감지하고, 어린 나는 아버지에게, 어머니가 비누를 올려놓은 시렁을 손가락으로 가르쳐준 기억이 어렴풋이 난다. 아버지와의 첫 번째 만남이었다.

어떻게 찾았는지, 어느 날 최옥산 아저씨(아제라고 불렀다)가 국밥집에 왔다. 물론 나는 어려서 아제의 존재를 알지 못했다. 나중에 안 일이지만 아버지의 부탁이 있었던 것이다. 최옥산 아제는, 어머니에게 원산 권번 소속의 여성 소리꾼들이 거처할 수 있는 집(일종의 하숙집)을 마련해 주었다. 대지가 이백 평에 가까운 곳이었는데, 주택의 구조가 아닌 건설 현장의 함바집 같은 형태였다. 당시 흔하지 않았던 양철 지붕이었다.

원산 제2여자중학교 제1회 졸업사진(1948) 앞에서 두 번째 줄 오른쪽이 조영숙이다

이 동네는 원산의 주산인 남산과 해안통 사이에 형성된 구시가의 중심지였다. 그 시가에 하나뿐인 공동 목욕탕이 있었다. 목욕탕 내부는 시멘트벽을 사이에 두고, 남녀 탕으로 나뉘어 있었다. 벽의 중간 꼭대기에 작은 사각의 구멍을 뚫어놓고, 천장에 백열구 전구 하나를 거꾸로 꽂아 놓았다. 그 흐릿한 불빛으로 남녀탕에서 목욕을 했다. 사람들이 목욕을 하고 있을 때, 관리인은 옷을 벗지 않은 채 탕안으로 들어왔다. 그리고는 욕조 가장자리 턱에 올라 앉아 물위에 떠있는 때 뭉치를 걷어 내고는 했다. 면포로 만든 잠자리채 같은 뜰채를 사용했다. 이런 광경은 3, 40년대의 생활 문화의 일면이었다. 물론 일본식의 영향을 받은 것이다.

우리 모녀가 살았던 바로 앞에 원산의 제일 갑부 남백우의 대저택이 있었다. 소슬 대문의 문고리가 어린 내 머리통만 했고, 어린이들도 벽에 달라 붙어야 통과할 만한 좁은 골목을 자동차로 들락거리는 큰집이었다. 그런 집과 대문을 맞대고 있는 곳에서 권번의 여성 소릿꾼들이 살고 있다는 것이 문제가 되었다. 파출소로 불려간 어머니에게 다른 곳으로 집을 옮기라는 경고성 협박을 받았다.

우리가 그 남씨 집에 해를 끼친 적이 없으니 집을 옮길 수 없다고 했단다. 일본 순사와 조선 형사의 욕설과 매질을 당하며 쓰러져 있는 어머니를, 석봉 오빠가 업고 나갔다. 석봉 오빠는 외가 친척인데, 어머니가 원산으로 불러올려, 결혼까지 시켜 취직하고 살고 있었다. 주재소(현 파출소) 바닥에 흩어져 있는 어머니의 비녀와 고무신, 허리끈을 챙겨 들고 울며 따라가던 일은 지금도 내 기억 속에 또렷이 박혀있다. 아홉 살 난, 어린 아이에게 보여서는 안 되는 처참한 모습이었던 것이다.

우리가 무슨 큰 죄를 지어 벌을 받은 줄 알았다. 소학교(초등학교) 2, 3학년 때까지도 동네 아이들과 놀고 있으면, 어른들이 와서, 나를 가리키며 '전라도집 아이랑 놀지 말라', '광대집 아이랑 놀지 말라' 하지 않았느냐고 하며, 화를 내거나 심지어 볼기를 때리며 자기 아이를 데리고 가곤 했다. 그래서 나에게는 어린 시절 소꿉동무의 얼굴이 전혀 떠오르지 않는다.

여섯 살 때 아버지가 요양하러 집에 왔다. 매일 바다 낚시와 검은 대나무로 단소를

여성국극의 뒤안길

만들어 불며 지냈다. 밤새워 꾸덕(어획물 담는 대나무 망태) 가득히 잡아온 물고기를 큰 통에다 담아 놓고, 온식구가 들여다보며 좋아라 했다. 저만치 뒤에서 입가에 엷은 웃음기를 띠며 바라보시던 어머니의 모습을 나는 처음 보았다. 나는 조르고 졸라 아버지의 낚시길에 따라나선 적도 있었다.

내가 본 갈마(갈마반도)의 풍경은 바다에 작은 섬(범섬)이 떠있고, 그곳까지 하얀 길이 뻗어 있었다. 그 길 양옆에는 키가 작은 분홍색 꽃(해당화)이 피어 있었다. 해변가로는 아버지의 키만한 갈대숲이 계속되었다. 숲속에 기러기와 새들의 둥지에 아직 부화되지 않은 알들이 있었다. 나는 달걀이라고 주워들었다가 놀란 아버지께 야단맞고 그대로 내려놓았다. 아버지는 마른 풀잎으로 알을 덮어주었다.

아버지가 잠깐 자리를 비운 사이 바람에 움직이는 찌를 보고 낚아채었다. 그러나 낚시줄이 갈대숲에 엉겨 낚시를 접고 그대로 돌아와야 했다. 돌아오는 길에 다리가 아파 걷지 못하는 나를 내려다보더니 "그러기에 오지마라 해도 따라오더니 아부지도 힘든디 이놈의 자식이 나를 더 힘들게 하네" 하시며 등을 내밀며 업히라고 했다. 아버지의 등에서 편안히 잠들었다. 여섯 살에 아버지와 함께 부녀의 정을 누렸던 일은 내 생에 단 한번 뿐이었다. 어머니와 함께 세 식구가 한집에서 살아본 일은, 이렇게 원산에서 두 달뿐이었다. 이때가 아버지와의 두 번째 만남이었다.

내가 여섯 살 적에 공립 소학교의 지정 교복을 입고, 처음으로 외가에 다니러 갔었다. 어머니는 온 세상에 자랑하고 싶었을 것이다. 이제 광대의 딸이 아닌, 장차 학교 선생으로 버젓이 키울 수 있게 되었노라고 말이다. 그 후로 십년이 넘도록 다시는 고향에 못 가보았고, 광복 후 통신 연락조차 못하고 살았다. 어머니에게는, 90을 바라보는 노모와 형제들에 대한 그리움이 오죽했을까.

소학교 3학년 때였다. 입학 후 원산집에 온 아버지가 주고 간 천자문 한 권과 나한테는 전혀 어울리지 않는 고급스런 홈스팡 외투와 스키 모자 덕에 비로소 선생님과 아이들의 호의적 관심 속에 소학교를 졸업했다. 이것이 아버지와 세 번째 만남이었다. 8·15광복을 맞았다. 1946년 중학교에서는 나보다 두세 살 위인 동급생들과 경쟁에서 지지 않으려는 의욕이 강했고, 공부에 재미가 붙었다. 월반으로 중학교를 마치고, 1948년 원산사범전문학교에 11대 1로 합격했다. 아버지의 소식은 깜깜이었다.

사범전문학교에 입학하면서 어머니의 소원이었던 학교 교사의 길이 눈앞에 보였다. 광주를 떠나 온 지 16년만에 우리집을 마련했다. 초가집이었으나 마당에 당시 흔하지 않았던 수도까지 설치 된, 대지 백 평이 넘는 집이었다. 넓은 뒷마당에는 텃밭도 있었다. 왠만한 채소는 전부 손수 가꾸어 먹었다. 계절마다 집 주위에 여러 가지 꽃이 피어, 꽃동산 속에서 지냈다.

당신 집까지 장만했으니, 이제 마음 편히 지낼 만도 한데 어머니는 가끔 혼자 '어머니'를 부르다가 차츰 울음이 잦아졌다. 어떤 때는 두 다리 쭉 뻗고 앉아 목놓아 울고 있었다. 마치 초상집에 여인네들의 곡소리 같았다. 그럴 만도 하다고 나는 생각했다. 1949년 12월, 내가 사범학교 본과 2학번 때, 어머니는 고향에 가려고 안내인(남북의 통로를 비밀리에 알려주는 사람)을 따라 남쪽으로 떠났다. 어머니는, 남쪽 형제들과 함께 살길을 알아보고 오마하고, 삼베장사처럼 위장했다. 그 길이 집으로 영영 되돌아올 수 없는 길이 될 줄 어머니나 나는 꿈에도 몰랐다.

어머니는 이듬해 정월에 다시 안내인과 만나 돌아오려 했으나, 약속한 그 사람은 2월이 지나 3월이 되어도 연락이 없었다고 했다. 갑작스럽게 외가의 기둥이었던, 하나뿐인 외삼촌이 빨치산에게 죽임을 당하고 장례를 치러야 하는 비극을 만났다. 그리고 곧 6·25전쟁이 일어났다. 인민군의 출현으로 외가는 쑥대밭이 되었고, 서울은 수복되었어도 고향에서는 밤손님(빨치산) 때문에 아랫동네의 방 한 칸에서 가족들이 불안하게 지내고 있었다.

나는 돌아오지 않는 어머니를 기다리며 혼자 지냈다. 그러나 학교생활은 퍽이나 다양하며 요란스럽게 보냈다. 학과 공부는 물론이고, 예체능, 미술 종목까지 정신없이 나대고 다녔다. 연극반에서는 경연대회에서 입상은 못했지만 수준급의 여자주연으로 화제거리가 되었다. 오죽하면 남학생들이 "도깨비 같은 간나"라고 나를 불렀다. 체육담당 선생은 한술 더 떠 "자는 암 도깨비가 아니라 숫 도깨비야"라고 했다. 나는 원사전(원산사범전문학교 약칭)의 숫도깨비로 통했다. 집에서는 아래채에 세 들어 사는 사람의 도움을 받았으나, 어머니와 약속한 기일이 많이 지나니 그들은 이사를 가버렸다. 빈집에 혼자 있을 수 없었다. 학교에는 겁도 없이 '어머니가 산수갑산으로 볼 일을 보러 갔다'고 거짓말을 했다. 그리고 어머니가 오실 때까지 기숙사에서 보냈다.

3. 평양을 거쳐 남쪽으로

7월에 종업식과 졸업식이 끝났다. 운동장이 요란하게 줄지어 섰던 군용트럭에 본과 남학생들을 태우고 가버리는 것을 보고서야 6·25전쟁의 심각성을 깨달았다. 학도병으로 데려간 것이다. 기숙사에서 낮이면 점점 심해지는 비행기의 폭격으로 방공호로 들락거리고, 밤에는 움직이지 못하게 하니 일찌감치 불을 끄고 어머니 생각만 했다. 집에는 한 번도 가보지 못했다. 9월 새학기가 되자, 원산 거주 학생들과 인솔 교사 몇 명은 풍산이란 곳으로 피난해, 수업을 시작하였다. 그러나 한 달이 지날 무렵 전쟁이 심해지자 '각자 알아서 집으로 돌아가라'는 통보를 내렸다.

나는 갈 곳이 없었다. 의논할 선생님들도 떠나고 없었다. 고맙게도 친구 하나가 가족이 문천이란 곳에 피난 와 있으니 함께 가잔다. 친구를 따라가니 그의 아버지가 지금이 어느 때인데 친구(나)를 데려왔느냐 하며, 당장 보내라고 한다. 가랑비를 맞으며 쫓기듯 그곳을 나왔지만 산골짜기의 적막이 무섭기까지 했다. 어디로 가야 할지 발길을 옮길 엄두도 나지 않았다. 온몸이 추워지더니 이빨이 제 맘대로 부딪치며 딱딱딱 소리를 냈다. 온몸이 떨렸다. 죽음의 문턱에 이르렀는가 싶었다.

저 멀리 뿌연 안개비 속에서 차 소리와 함께 군용 지프차가 오고 있었다. 순간 어디서 힘이 났을까 두 손을 번쩍 들고 차 앞으로 달려갔다. 구구절절 평양의 최승희무용단과 악단장 안기옥 큰아버지(백부)를 팔아가며 부탁해 평양역 앞까지 오게 되었다. 거기서부터 원산에서 보았던 편지 겉봉의 조선음악연구소의 주소를 기억해 내며, 묻고 또 묻고 어렵게 찾아내었다. 양언니(해숙)와 큰아버지(안기옥)을 만났다.

해숙 언니는 어머니가 어려서부터 수양딸로 삼아 키워주었다. 내가 태어나기 전에 오랫동안 자식이 없었던 것이 동기라고 할 수 있다. 작은 고모의 딸로서 나와는 고종사촌이었다. 호적에 먼저 올라 나는 둘째 딸이었다. 원산에서 함께 사는 동안 양금을 공부해 후일 안기옥의 소개로 최승희무용단 양금 반주자로 근무하고 있었다, 언니의 남편(김창록)은 강원도 도립극단 조명기사로 근무했다. 안기옥은 할머니의 친정 조카였다. 아버지와는 형님 동생(외사촌) 하는 사이였으므로 우리는 안기옥을 큰 아버지라 불렀다. 고전음악연구소의 소장으로 활동하고 있었다.

되돌아보면, 나는 소학교에 다닐 때 평양에 간 적이 있었다. 최승희가 아이를 돌봐줄 사람을 구했는데, 그 이야기를 안기옥이 듣고서, 어머니에게 부탁을 했다. 어머니는 고향에서 사람을 원산으로 불러와, 나와 함께 평양 최승희무용연구소를 찾았던 것이다. 무용연구소는 대동강 근처에 있던 과거 요리점을 개조한 거창한 시설이었다. 그때 본 최 선생은 키가 훤칠했고 세련된 단발머리와 이목구비가 뚜렷한 것이, 아주 잘 생긴 외모를 지니고 있었다. 나와 나이가 비슷한 딸(안승자, 1932. 6.~)과 여섯 살짜리 아이(안병건, 1945. 6.~)가 있었다.

그뒤 나는 중학생으로 최승희가 원산 구시가의 극장(원산관)에서 보살춤을 추는 것을 관람했다. '벌거벗은 부처님'을 무대에서 본 충격은 지금도 나에게 남아있다. 캄캄한 무대에 부분 조명으로 보살 분장을 한 얼굴부터 몸 전체로 조명이 강하게 퍼지면서 춤이 시작되었다. 매우 놀라운 춤이었다. 당시 최승희 제자였던 전황은 다른 종류의 악마춤에서 열연했다.

해숙 언니와 나는 평양고전음악연구소의 뒷채에 머물었고, 본채에는 안기옥 큰 아버지가 거쳐했는데, 그곳에 이남에서 왔다는 조상선, 정남희, 임소향, 박동실 등이 머물고 있었다. 박동실은 뒤늦게 이들과 합류했는데, 그들은 공귀남을 기다리는 중이라 했다. 2, 3일 후 인기척이 없어 물었더니, 그들은 신의주 쪽으로 떠났다고 했다. 언니는 다음날 나를 데리고 염주군 석암이란 곳으로 피난을 갔다. 석암에는 최옥산 아제, 최승희의 시아주버니인 안제승(전 경희대학교 교수)과 무용가 김백봉 부부, 무용수 전황(전 국악협회이사장) 등이 여러 촌가에 분산되어 있었다. 석암에서 몇일 후, 최옥산 아제는 평양에 국방군이 들어왔으니, 언니에게 평양으로 가서 나를 남쪽 어머니에게 보내 주라고 했다.

그날 밤 최옥산 아제는 북쪽으로 떠나면서 아마도 우리와 만났던 것 같다. 평양으로 돌아오다 기타를 메고 아버지, 안기옥을 찾아간다는 젊은이(안기옥의 장자 안성현)를 만났다. 언니는 청년에게 함께 평양으로 가자고 했지만, 그는 아버지를 찾아야 한다며 북쪽으로 갔다.

평양시내 남쪽으로 가려는 피난민들이 대동강 쪽으로 몰려가고 있었다. 조선음악연구소에 국방군 연예대원 두 명이 조상선 선생님을 모시러 왔다고 했다. 그들의 이름표에는 장영찬, 허휘 라고 붙어 있었다. 평안북도에서 온다는 피란민은 '팔로군(중공군)이 밀고 내려온다'며 당신들도 빨리 떠나라고 했다. 1950년 12월 7일, 나와 그곳에 남았던 일행은 돈을 받고 건너주는 쪽배를 타고, 폭격으로 끊어진 대동강 철교를 바라보며 강을 건넜다.

황주를 지나 이틀 후 봉산 사리원 길가 빈집 마루에서 밥을 먹고 있었다. 피란민의 수가 몇 명밖에 안 보였다. 한 피난민께 물으니, 지금 팔로군이 개미때 같이 몰려오는데 밥이나 먹고 앉아있느냐며, 바쁘게 지나갔다. 우리도 바로 떠날 채비를 하는데 석봉 오빠의 와이프가 만삭에다 세 살 된 아이까지 업고 있었으니 더 이상 못 간다고 주저 앉았다. 이 절박한 순간에 오빠는 어려운 결정을 했다. 영숙이와 나는 잡히면 죽는다. 너희는 아녀자이니 해코지는 안 할 것이다. 천천히 우리 뒤를 따라오라 하고, 오빠와 나는 가족의 재회를 뒤로 남기로, 남쪽으로 길을 재촉했다.

토성이란 곳에서 군인가족이 탄 열차의 지붕 위에 앉았다. 북쪽에서는 마지막 떠나는 기차를 타고, 새벽 서울 수색에 도착했다. 마포 용강국민학교 강당의 피난민 수용소로 갔다. 그곳에서 '한강 도강증'을 받는데 보름 이상이 걸렸다. 우리는 도강증이 없어 용산역 앞 광장에서 더 움직일 수 없었다. 그런데, 한 장교의 도움으로 위기를 벗어났다. 그 장교는 원산에서 반동분자로 몰렸을 때 어머니가 도와주었고, 어머니의 월남길을 안내해 주었던, 바로 그 분이었다. 남한의 군인이 되어 있었다.

미군과 국군이 지키고 서있는 부교위로 어렵사리 한강을 건너 영등포역에 도착했으나 고생은 이때부터였다. 길을 걷다가 밥을 구걸해 먹거나 화물차 꼭대기라도 얻어타고 몇 정거장씩을 남행했다. 난리통에 죄다 깨진 유리창으로 겨울의 칼바람이 사정없이 불어오는 기차역 대합실에서, 좁은 의자에 쪼그리고 앉아 며칠 밤이나 눈을 붙였다.

대전역에 도착했다. 역전 부근에서 아직 만나지 못한 해숙 언니와 오빠의 아내, 아이들 일행을 기다리며 지냈다. 가진 돈이 없고, 걸식도 어려웠다. 나는 석봉 오빠가 시켜서 사과장사를 시작했다. 역전에 사과궤짝을 놓고, 그 위에 사과를 몇 개 올려 백환, 이백환 하고 팔았다. 내려오는 기차마다 찾아보아도 일행은 보이지 않았다. 살 길도 막막했고, 재회의 희망도 보이지 않았다. 오빠는 가족을 포기하고 나를 고향으로 데려다주기로 작정했다. 나중에 전해들은 이야기지만, 해숙 언니만은 최승희무용단에서 그대로 활동하고 있었다고 한다. 나머지 가족들은 영이별이었다.

죽을 고생을 하며, 송정리에 도착했다. 어머니의 안부를 알 만한 곳은 광주 복남언니(이종사촌 언니, 성원목의 부인) 집이었으나, 찾을 길이 막연했다. 광주극장으로 성원목을 찾아갔으나 그의 집을 아는 사람은 없었다. 그때 기적같이 '군복'을 쓰며 지나가는 한승호(판소리 명창)를 만났다. 그가 수소문해 성원목의 거처를 찾을 수 있었다. 바로 길을 떠나 화순 이양으로 갔다. 외가집이 아닌, 어머니가 피난을 가서 지내던 곳을 찾았다. 어머니를 만났다. 일년 여 만에 검었던 어머니의 머리는 백발에 가깝게 변했다. 마루에 말없이 서서 나를 바라보는 어머니의 아랫도리를 감싸 안고 울었던 기억은 지금도 생생하다.

모녀 상봉의 기쁨도 잠시였다. 비워 두었던 외갓집으로 와서 나의 걸인 행색을 씻고 벗기고 나서, 나는 고단한 잠이 들었다. 밤중에 동네 개가 짖고 바쁜 발걸음소리가 나더니 총을 든 밤손님(빨치산)들이 들이닥쳤다. 우리를 묶어 끌고 동네 당산나무 밑에서 장자골을 향해 걸었다. 일행 중에는 강 건너 마을 장정들, 아기를 업은 김 순경

각시 등이 함께 있었다. 책임자인 듯한 장교가 한 사람씩 점검을 하다가 어머니를 보고 놀라더니, 어머니의 상황 설명을 듣고, 우리 가족만 풀어주며 돌아가라 했다.

그 빨치산 청년은 어머니의 신세를 진 일이 있었다. 전에 국군들이 마을에 들어와 빨치산 가족을 찾을 때, 어머니는 그의 여동생을 두엄자리에 넣어 숨겨 살려주었다고 한다. 그리고 그 여동생은 산으로 들어가 오빠를 만나게 되어, 오빠에게 자신을 살린 어머니의 이야기를 전한 것이다. 그 청년은 어머니의 존재를 확인한 뒤에 우리를 살려 준 것이다.

4. 국극사 공연 만리장성

또 한번의 기적 같은 일이었다. 빨치산에 잡혀가던 그 다음날, 광주 복남언니 집으로 가 있게 되었다. 어머니는 졸업장도 없는 나를 취직시키려 애를 쓰고 다녔다. 다행히 한곳에서 아이들을 가르치게 되었다. 벽촌 초등학교였고, 학과의 교재가 이북과는 전혀 달랐다. 게다가 밤이면 밤손님의 왕림(?)으로 도저히 견딜 수가 없었다. 아이들을 대할 때면 내 자신이 뻔뻔스럽고 초라해 보였다. 온다간다는 말도 없이 광주로 다시 와버렸다.

나를 언니댁에 맡겼지만 내가 먹을 양식은 어머니가 후하게 전했던 것으로 알고 있었다. 매일매일을 좌불안석으로 방안에만 박혀 있었다. 언니가 광주극장에서 국극사의 창극 〈만리장성〉을 보여주었다. 그때가 1951년 6월이었다. 작품은 매우 흥미진진했다. 이런 상황에서, 여자들만이 모여 연극을 하려고 단원모집을 하고 있다는, 언니의 말을 듣게 되었다. 그 말이 〈만리장성〉을 본 감동과 함께 내 귀를 울렸다.

그 길로 언니를 따라 나선 것이 여성국극인으로, 창극인으로 살게 된 운명적 계기가 된 것이다. 그리하여 1951년 8월에 여성국국동지사의 일원이 되었다.

04

●

임춘앵의 여성국극동지사

1. 여성국극동지사의 인수

명창들의 판소리 분창을 위주로 한, 남녀혼성의 소리극을 창극이라 한다. 이 정의는
오늘날에도 변함없이 통용되고 있다. 이런 창극에 대해, 여성국극은 새로운 변화를
일으킨 소리극이다. 한국의 여성국극은 명창 박녹주가 새싹을 돋아나게 했다. 그리고
이 새싹을 연극으로 키운 인물은 임춘앵 선생님이 분명하다. 연극적인 형식이나 방법
에 대해서는 여러 가지 의견이 있었고, 앞으로도 계속될 것이다. 이 문제는 뒤에서
다시 생각해보기로 한다.

김주전이 〈햇님과 달님〉의 후편으로 〈황금돼지〉(1949. 11. 9)를 공연하면서 여성국극
동지사를 설립했다. 한편, 김주전이 소속되었던 박녹주의 동호회에서는 먼저 했던
〈햇님과 달님〉의 후편임을 전제해, 출연자를 교체해 재공연(1949. 11. 18)하면서, 기존의
단체를 고수하려는 안간힘을 다했다. 불과 열흘 사이에 일어난 놀라운 사건이 아닐
수 없다.

이 사건은 당시 국악계에 커다란 충격을 준 것은 물론, 두고두고 숱한 논란을 일으켰

다. 이런 문제는 뒤에서 다시 서술하기로 하고, 인수과정에 대해 좀더 살펴보기로 한다. 〈황금돼지〉의 서울 공연이 끝나고, 김주전은 호기롭게 대구와 부산 지방공연에 나섰다. 주연 달님공주 역의 박초월을 젊고 화사한 김경애로 바꾸었다. 여기까지였다. 대구 공연 중 1950년 6·25전쟁이란 악재를 만났다.

대구공연을 마치고 서울로 돌아 갈 수 없었다. 김주전은 단원들을 이끌고 부산으로 갔다. 부산에서 약속했던 공연은 어수선한 중에 겨우 마쳤으나 세상은 날이 갈수록 밀려내려온 피난민 천지가 되고, 모든 극장은 휴관 상태여서 공연은 중지되고 말았다.

당장의 숙식이 걱정이었다. 어찌저찌 해서 겨우 잡은 변두리의 삼류극장마저도 기존의 남녀혼성 창극단이 먼저 와서 차지해 공연중이라 발길을 되돌려야 했다. 다행히 부산의 큰 극장주의 배려로 문을 닫은 극장에서 밥을 해먹고 무대에서 잠자리를 해결했다. 김주전이 나섰다. 어떤 단원은 피난 내려온 국방부로 들어가 군예대에 입대하여 위문공연을 다니며 숙식을 해결했다. 또 어떤 단원은 근방 도시에서 움직이는 단체에 가서, 전쟁이 끝날 때까지 무보수 객원으로 공연하며 숙식을 제공받기도 했다. 당시 군예대에서 활동했던 선배 조금앵의 동생 조성실은 김주전 단장이 많은 애를 써주어 힘든 피난살이를 버틸 수 있었다고 회고했다.

1950년 말은 호남지방에서 인민군이 후퇴하고 아직 불안정한 상태였다. 서울의 연고자들은 도강증(한강을 건너는 증명서)이 없어 갈 수 없었다. 그들은 부산에 남고, 그 외의 단원들은 각기 고향집으로 돌아갔다. 김주전의 동지사는 사실상 해산 상태였다. 일설에, 김주전이 부산 피난시절에 햇님여성국극단을 만들었다고 하나 사실과 다르다.

임춘앵은 부군(동거자) 신대우의 본가가 있는 광주로 갔다. 절친 한애순과 함께였다. 이때 공교롭게도 〈황금돼지〉의 제작자 박석기가 한 여사(한애순의 언니)의 집에 머물고 있었다. 제작자와 주연 배우(햇님왕자 역의 임춘앵)가 광주 하늘 아래 같이 머무르고 있었으니 우연이었을까, 아니면 두 사람 사이에 미리 연통이 된 것이었을까. 나로서는 자세히 알 수 없다. 여성국극동지사의 인수인계는 순조롭게 진행이 되는 듯 하였다.

임춘앵의 여성국극동지사는 바로 광주 금동에 위치한 한 여사의 집에서 일년 가까운 창단작업을 거쳐 첫 회 공연을 성공하였다.

6·25전쟁 전후로 여성국극에 매진했던 김아부와 조상선은 이북으로 갔다. 박석기는, 좌우 어느쪽에서 그렇게 했는지는 알 수 없으나, 신체에 혹독한 위해를 당하여 만신창이가 되어 피신한 곳이 광주에 있는 한 여사의 집이었다. 두 분은 서로 흠모하고 의지하는 사이였다. 전쟁 중이라 의료시설도 충분치 않았고 의약품도 구하기 힘든 때, 한 여사는 박석기를 살려보려고 가진 애를 다 써봤다. 그녀의 지극정성에도 끝내 일어나지 못하고 박석기는 세상을 떠났다. 사람들은 이구동성으로 그분이 살아있어야 여성국극이 잘 되었을 것이라 했다. 사람들이 몹시 아쉬워하는 이야기를 나는 들었다.

1951년에 들어서자 박석기는 사망했고, 동지사는 창단공연을 준비하고 있었다. 광주 금동에 있는 한 여사의 집은 동지사 사무실이고, 단원들의 숙소였으며, 연습장이기도 했다. 창단공연할 〈공주궁의 비밀〉 대본이 나왔고, 연습 준비 중에 부산에서 의상과 소품등을 가져왔다. 그러나 단체 등록증(여성국극동지사)은 보내오지 않았다. 김주전은 단체 등록증만은 고수하겠다는 입장이었다. 단체 명의의 대표자 박석기는 이미 이 세상에 없고보니, 단체 등록 문제로 동지사는 초비상 상태에 놓였다.

자기집 뒷채에 살며 바깥채에는 나오지 않던 한 여사까지 나와 안방에서 큰 소리를 내며, 수차 회의를 하는 것 같았다. 하루 속히 광주시 공보부에서 창단 등록을 해주어야 할 텐데, 전쟁중이라 안정되지 않은 관청의 형편에 쉽게 되지 않았다. 공무원들은 절차적인 미흡을 따지고 들었다. 기존 동지사의 대표 명의를 변경해 해결하려 하였다. 어쨌든 이 문제는 한 여사의 적극적인 노력으로 상당한 기간이 지나서 겨우 등록이 이루어졌다. 이런 점을 고려하면, 단체의 인수는 순조롭게 이루어졌다고 할 수 없다.

2. 임춘앵의 등장

임춘앵林春鶯(본명은 임종례, 1924~1973)은 전남 함평군 함평면 함평리에서 임성태와 김화선의 2남 3녀의 막내딸로 태어났다. 부친은 피리와 가야금을 잘하는 국악 애호가였고, 모친은 자식들의 교육에 헌신했다. 모친의 친정 오빠 김안식은 설장고에 능했고, 자택에 국악학원을 마련하고 선생들을 초빙해 후진을 양성했다. 9세(1932)부터 15세까지 소리를 공부했다, 오수암, 정광수, 최옥산, 강남중, 임방울 등이 소리선생이었다.

첫째 언니 임유앵(국극인)은 소리꾼 강장원과 부부였다. 둘째 언니 임임신(가정주부)은 명창 김창환의 둘째 아들(김삼룡, 우체국 직원)과 부부였다. 첫째 오빠 임천수는 도쿄음대에서 성악을 전공한 음악가였다. 둘째 오빠는 어린 나이에 사망했다. 이종 조카이자, 언니 임임신의 3자녀는 김진진, 김경수, 김혜리로서, 이모 임 선생님의 권유로 모두 여성국극과 관련을 갖게 되었다.

임춘앵은 광주권번에 들어가(12세) 3년 동안 소리와 춤을 배웠다. 이때 무용가 이매방, 소리꾼 한애순, 박모란과 함께 수련했다. 승무 선생은 목포의 박영구였다. 17세에 조선음악협회 회원에 입단했고, 18세(1942) 때 부민관에서 개인 무용발표회를 가져 이름이 크게 알려졌다. 당시 중요한 행사에는 임춘앵의 춤이 초대를 받았다. 20세(1944)부터는 조선창극단 단원으로 활동했다. 1948년 10월, 박녹주가 주도한 여성국악동호회의 〈옥중화〉에서, 이몽룡 역을 맡음으로써 최초의 여성국극인이 되었다. 선배 박귀희와 더불어 남장여배우로서 여성국극을 대표한 스타였다.

임춘앵은 전승 판소리 창법에 얽매이지 않고 서구적인 오페라의 창법을 이용해 곡을 재구성했다. 판소리에서 금기시하는 가성을 적절히 활용해 감미로움과 애절함이 물씬 풍기는 창법을 구사함으로써, 듣기에 부드럽고 서정적인 인상을 주었다. 뿐만 아니라 여성국극 삽입곡을 비교적 쉬운 멜로디로 직접 작곡해 일반인들도 유행가처럼 따라 부를 수 있도록 했다.[1]

박녹주는 박귀희의 〈옥중화〉 출연이 불가능해지자 이도령 역으로 대신 임춘앵을 선발했다. 박귀희보다 십여 세나 어린 젊은 신인이었는데, 어쩌면 박녹주는 호재라 생각했을 것이다. 그녀의 연기를 김아부의 연출 솜씨로 잘 다듬으면 좋은 재목이 될 것이라 확신했던 것 같다.

박녹주는 1936년 동양극장에서 명창 송만갑·이동백·정정렬 대가들과 최초의 대규모의 신창극 〈춘향전〉에서 춘향 역을 맡은 경험을 지녔다. 이미 창극의 무대를 경험해 보았기에 당시의 무대보다 더 발전된, 특히 전례가 없는 여성들만의 신창극으로 극계의 반전을 기대했다. 〈옥중화〉와 〈햇님과 달님〉에서 막대한 제작비를 투자하여 통 크게 도전한 것이다. 여성 창극의 불씨를 확실히 지펴 놓았다. 이렇듯 새로운 도전에 임춘앵을 선발한 것은 획기적인 결단이었다고 할 수 있다.

3. 연구생

1951년 여름, 나는 광주 복남 언니(소리꾼 성원목의 부인)의 소개로 동지사에 입단했다. 임 선생님은 나에게 대사를 읽혀보고 연기도 시켜보았다. 원산에서 왔지만 사투리를 사용하지 않고, 나에게 배우의 자질이 있는 것을 확인하고는, 단원으로 받아주겠다고 했다. 임 선생님의 허락을 듣자, 언니는 비로소 '조영숙이 실은 조몽실 선생의 딸'이라고 밝혔다. 그러자, 임 선생님은 단원을 시켜 아버지를 모셔오도록 했다. 나는 입단만이 아니라, 오랫동안 소식이 끊겼던 부친을 그 자리에서 만나게 되었다. 아버지와의 네 번째 만남이었다.

나는 사범학교 출신이니 교사로 나가는 것이 온당한 길이었다. 그러나 월남 후

---

1   전경욱 편저, 『한국전통연희사전』, 2014, 민속원, 837~838쪽 참조.

여성국극의 뒤안길

한 달 정도 시골학교 교사 근무를 해보았지만 근무 자체보다 당시의 치안(공비의 출몰)이 불안정해 시골학교에 머물 수 없었다. 어머니가 구해 놓은 우체국 직원 자리는 도저히 취향이 맞지 않았다. 동지사에 흥미를 갖게 된 것은 월남 후에 본 창극 〈만리장성〉이 그 동안 잠자던 내 감성에 불을 지폈다.

나의 입단을 전후해 연구생들이 늘어났다. 내 또래의 연구생 아홉 명(한성숙, 오정숙=명창 오정숙과 동명이인, 최정자, 지수복, 박행자, 강희순, 김희옥, 박이모, 이애순)이 함께 교육을 받았다. 말씨가 서로 달라 처음에 소통이 어려웠고, 나는 월남한 처지에서 판소리를 전혀 할 수 없는 것이 큰 애로였다. 부친이 판소리를 가르쳤는데, 나는 따라서 배우지도 못했고, 부친은 딸에 대한 배려도 없이 엄격하게 지도하여 고충이 이만저만 아니었다. 그러나 역경을 견디며 열심히 배우고 연습했다.

주연급의 명창들을 제외하고는 대부분의 역할을 연구생들이 맡았다. 연구생들에게 봉급은 없었다. 연구생에게는 숙식 제공에 겨우 야참비(1일 2백 환)가 제공되었다. 커피 한 잔에 25환 하던 시절이었다. 야참비를 모았다가 비누, 화장품, 속옷 같은 것을 샀다. 인기를 얻게 되자 팬들이 생겨, 팬들이 그런 것들을 사다주어 용돈을 절약할 수 있었다. 보통 8개월 정도 지나야 월급을 주었다. 제일 높은 급은 2천 환을 받았다. 주연급은 개별적으로 특별한 대우를 받았다.

연구생은 무대 출연과 연습시간을 제외하고, 아주머니 단원들의 뒷바라지와 단체의 잡일을 도맡아 했다. 어른들과 1대 1로 짝을 지어 시중을 들어야 했고, 아침이면 방마다 돌아다니며 어른들에게 인사하는 데서 일과를 시작했다. 아침저녁으로 세숫물을 준비해주고, 시간이 있을 때는 모든 빨래를 해야 했다. 보통 첫 공연이 끝나면, 낮 2, 3시 쯤 되는데, 점심은 주지 않았다. 하루에 2식을 제공하고, 나머지 허기는 알아서 해결했다. 공연이 끝나면 한밤중인데, 어른들의 시중이 모두 끝나면, 각자가 씻고 정리하고 늦게 잠자리에 들었다.

연구생의 모든 사생활, 외부의 초대, 외출은 임 선생님의 허락을 받아야 했다. 가게에 물건을 사러가는 것도 마찬가지였다. '허락'과 '보고'는 군대와 같이 이루어졌다. 노동

동지사 5인방(1951) 왼쪽 뒷줄부터 조영숙, 최정자, 한성숙, 앞줄 김진진, 이정여

여성국극의 뒤안길

동지사 삼숙이(1953) 왼쪽부터 한성숙, 조영숙, 오정숙

시간에 비하면 턱도 없는 급료였지만 가장 인기 있던 동지사 주변에는 연구생 희망자가 계속 찾아들었다. 임 선생님은 연구생들을 잘 훈련시켰다. 연구생들은, 비록 출연자가 아니라 해도, 모든 작품의 연습에 참여해야 했다. 또한 공연에 대기해야 했다. 만약 무슨 사태가 벌어지면, 즉시 대역으로 무대에 오르도록 대비해 두었던 것이다. 연구생으로 3년 정도가 지나면 단원으로서 생활이 조금씩 여유를 갖게 되었다.

여성국극 인기가 높아지면서 연구생들의 수입도 조금씩 늘었다. 관객이 넘치니, 일본말로 '오이리'(관객이 넘치면 단체 측에서 주던 팁)라는 것이 나왔다. 낮에 주는 야참비 이외에 밤에 한몫을 더 주었다. 오이리 덕분에 도움이 되었다. 다섯 명이 야참비 몰아먹기를 하면, 닷새만에 2천 환이 생겼다. 물론, 낮공연이나 밤공연이 전혀 없는 날에 야참비는 없었다.

4. 공연 방식

동지사는 극단으로서 대규모였다. 여성 명창들이 주축을 이루고, 그 밑에 유능한 젊은이들과 연구생들이 뒷받침을 했다. 창을 하지 못하는 연극배우들도 참가했는데, 당시 순극배우라 했다. 음악반주단이 별도로 있었는데, 최고의 명인들이 모여 있었다. 극작가와 연출가들, 기획과 홍보담당이 있었고, 조명·의상·소도구·무대미술·장치 제작 같은 무대예술부원들이 적지 않았다. 한참 흥행이 이루어질 때는 60여 명이 전국을 이동하며 공연했다.

트럭 2대는 무대장치를 싣고 미리 이동하고, 단원들은 버스나 기차를 타고 이동했다. 기차를 탈 때는 새벽에 자기의 무거운 짐을 들고 역까지 걸어가야 했다. 비용을 아끼기 위해 기차를 타지 않고 트럭에 함께 타고 다닌 사람들도 있었다. 흥행이 잘 될 때는 대절 버스를 타고 다녔다. 많으면, 도시에서는 하루에 네 번, 시골에서는 2 번 공연을 했고, 누적되는 피로와 수면 부족에 시달렸다. 젊은이들에게는 배고픔의 고통, 합숙소에서는 화장실과 욕실 사용의 불편이 이어졌다. 그래도 관객들이 보내주는 뜨거운 호응으로 이런 고통과 불편은 문제가 되지 않았다.

극장에는 지정 좌석권이 없었다. 모두 현찰 입장이었다. 덩치 좋은 아저씨들이 기도를 섰는데, 돈이 모자라도, 좌석의 여유를 고려하며, 입장을 시켜주었다. 입장료를 받아 쌀 한 가마니 반이나 드는 분량의 푸대에 돈을 담고, 넘치면 발로 밟아 담았다. 하루 저녁에 가마니 2, 3 개가 가득 찰 정도로 구경꾼들이 몰렸다. 시골에는 실내극장이 없으니, 소방서나 공회당 같은 곳에 가마니를 깔고 앉아 구경해야 했다. 구경꾼이 몰릴 때는 무대 출입구까지 막힐 지경이었다.

1953년 9월에 단체가 서울로 옮긴 이후와 그 이전은 공연계약 방식이 달랐다. 이전에는 기획자가 각 지역의 극장주를 찾아가는 방식이었다면, 이후에는 지방의 극장주들이 서울 임춘앵의 사무실을 찾아오는 방식이었다.

당시에는 공연을 하려면, 미리 정부의 허락을 받아야 했다. 대본이 완성되면, 대본집본으로 우선 몇 권을 만들어 두고, 검열본으로 사용했다. 치안국에 대본집을 제출하고, 검열도장을 받았다. 공연에는 언제나 검열본을 가지고 다녔고, 객석 뒤에는 임검석이 두 자리가 있어, 임석 경찰은 검열본을 앞에 놓고, 내용 그대로 하는지를 확인했다. 임석 경찰은 공연을 도중에 중지시킬 권한을 지니고 있었다. 이것은 일제강점기의 남은 관습이고, 정부의 반공주의 정책의 하나로 시행되고 있었다.

여성국극은 의상과 무대미술과 장치에 많은 비용을 들였다. 종래의 5가 창극과 다른 새로운 내용이 많았을 뿐만 아니라, 작품마다의 신선미를 살리기 위한 예술적인 대안이었다. 판소리 위주가 아니라 무대 연극을 종합적으로 살리기 위해, 구태의연한 창극 무대가 아닌, 연극 무대로서의 시도와 실험이 빈번했다. 다만 재료와 기술의 부족으로 때로는 의욕을 제대로 구현할 수 없는 것이 한계였다. 여자를 남자로 분장하고, 남성미가 풍기게 해야 하는 노력이 계속되었다. 때때로 실수와 무리가 빚어졌으나 관객들은 '연극으로 이해'하고, 웃어넘기기도 했다.

작가가 새 작품을 탈고하면, 단원들을 모두 모아 놓고 책을 읽어주는 시간을 가졌다.

이른바 홍요미(일본어 책읽기) 시간이었다. 읽기가 끝나면, 연출, 배우, 기술진들이 각자 자기 의견을 말했다. 이런 부분은 이렇게 고치고, 이런 부분은 이렇게 새롭게 만들고 하는 등, 의견을 모으는 기회였다. 아울러 작품에 적합한 출연 배우도 모색되었다.

우선 대본 작업부터 어려웠다. 상연할 대본이 결정되면 수작업으로 시작한다. 미농지 사이사이에 먹지를 함께 끼워 넣고, 펜촉은 끝이 뭉툭한 굵은 바늘 모양인 펜으로 한자한자 꾹꾹 눌러써야 하며, 작가의 대본 전권을 써낸다. 한번 베껴 쓰면 많아야 대본집 세 권이 나온다. 단원 각자에게 대본을 줄 수가 없으니, 단역들은 각자 자기 역할의 대사만을 골라 적어 외우며 연습했다. 입단해서 처음 군졸1의 배역을 맡은 나는 노트 한권 살 돈도 없었다. 어른들이 피우고 난 빈 담배갑을 얻어 펴서 안쪽에 내가 할 대사를 써서 이용했다. 단 미제 럭키 담배갑이라야 사용이 가능했다.

서울의 변두리나 지방에서 공연할 때, 관객에게 공연을 알리고 또한 관객을 모으기 위해 홍보 활동을 했는데, 일본말로 마찌마와리와 이리꼬미라고 했다. 마찌마와리는 자동차에 반주단이 타고 시내를 돌며 연주를 하는 방식이었다. 이리꼬미는 극장 꼭데기에 시내가 울리도록 스피커를 달아놓고, 태평소(방태진의 태평소 시나위 독주는 특히 유명)를 연주하며 호객을 하는 방식이었다. 해가 뉘엿뉘엿 넘어가는 황혼에 울려퍼지는 악기 소리는 모든 사람들의 가슴을 울리게 했다.

1955년 12월부터 모든 극장은 좌석제를 실시하라는 정부의 발표가 내렸다. 입장권을 구입하지 않은 관객은 관람을 제한하고, 매표를 통한 기록을 남기려는 의도였다. 이 조치로 이전의 무제한 입장과 무료 입장이 문제가 되었다. 극장 입구에서 현금을 낼 때는 정액을 내지 않아도 매표관리원(일본어 기도)의 재량에 따라 입장이 가능했다. 또한 단체에서 초대하고 싶은 사람들에게는 무료입장이었다. 그러나 좌석제가 생기면서 초대권도 기록에 남겨두어야 했다.

지역 어린이나 무직자, 노인들에 대한 할인 입장이 많았던 시절이다. 그런데 이러한 입장권에 대한 할인을 비롯해, 특히 당시 일상화되었던 상이용사들의 무료입장, 지역에 거주하는 건달들의 무료입장, 초대자들에 대한 무료입장은 이 조치에 위반되는 사항이

여성국극의 뒤안길

었다. 알려진 대로, 이 조치 한 번으로 좌석제가 하루 아침에 확립된 것은 물론 아니다. 그러나 당시 여성국극단들은 가능한 대로 이 조치에 나름대로 대비를 해야 했다.

5. 배우로서 임춘앵

임춘앵은 말 그대로 천부적인 다재다능을 지니고 태어났다고 할 수 있다. 여기서는 우선 배우로서 그녀의 탁월한 능력을 지적해 보려한다.

> 무대 위에서는 어느 남자보다 미남자요, 그 늠름한 태도에 여자인 줄만 알고 들어 간 관객이 남자로 착각할 만큼 씩씩한 모습을 보여주는 것이지만, 양 자신의 말과도 같이, 그 실은 부끄러움이 가장 많은 여자임에 놀라지 않을 수 없게 한다. 항상 남자 주역만 해 오는 양은 자기 자신도 남자로 착각을 일으킬 때가 적지 않다고 한다.[2]

> 여자로서 여자들을 반하게 만드는 무대 위의 미남자 역 미인(임춘앵)은 침체된 우 리 극계에 정히 샛별처럼 빛나는 존재, 그는 지금 육체적으로나 예술인으로서나 원숙 기에 달하여 성악, 연기는 말할 것도 없거니와 균형이 고른 풍요한 육체미는 한국의 몬로(마린린 먼로)를 방불케 한다.[3]

동양의 무대에서 남자가 여성 역을 한 사례는 흔하다. 과거에는 여자가 무대에 출연할 수 없어, 하나의 관례로서 남자여성 역이 상식이었다. 그러나 일본에서 1925년 부터 소녀가극이라는 공연이 생기면서 여자남성 역이 점차 늘어나기 시작했다. 이른바

---

2   「국악계의 지보至寶 임춘앵, 십분간 회견기」, 『신태양』, 1952. 10.
3   「천하 여장군 임춘앵」, 『한국일보』, 1954. 2. 12.

지금도 유명한 다카라즈카寶塚극단들을 일컫는다. 앞서 지적한 대로, 국내에서는 1910년대에 기생들이 창극을 하면서 남성 역을 시작했다. 그러나 광복 후 여성국극에 이르러 여자남성역 배우가 일반화되었고, 특히 임춘앵을 통해 극적인 존재성이 명확해졌다.

남성 역을 하면, 남성적인 태도, 목소리, 그리고 노래와 춤의 자질을 갖추어야 한다, 희귀하게도 임춘앵은 이런 자질을 두루 갖추고 있었다. 나는 일찍이 〈견우와 직녀〉를 회고하면서 임 선생님의 연기 모습을 토로한 적이 있다.

> 견우로 분장한 춘앵 아줌마가 황소를 몰고 통로에 만들어놓은 꽃길을 밟으면서 나오는 것이다. 그 기가 막힌 절창에 사람들은 얼이 빠졌다. 아줌마의 타고난 목성은 미성이 아니라 탁성에 가까웠지만 소리하는 것을 들으면 멋이 철철 넘쳤다. 걸걸하면서도 깊은 소리를 내는 수리성이 아줌마의 특기이자 장기였다. 게다가 수리성을 잘하는 사람이 대체로 하기 힘들어 하는, 목에서 기교적으로 뽑아내는 아구성 역시 자유자재로 구사했다.[4]

그녀가 판소리를 정통으로 배운 것은 널리 알려진 일이다. 다만 혼자서 소리꾼으로 활동하기보다는 무대에서 음악극을 하는 배우가 된 것이다. 당시 실정으로 보아 그녀가 음악극 배우를 선호하고, 또 그렇게 된 것은 당연한 일이기도 하다. 그것은 그녀가 희망하는 일이기도 했다.

그녀는 다른 소리꾼들이 갖지 못한, 다양한 변형 능력과 작곡 능력을 지니고 있었다. 변형 능력은 '선생에게 배운 대로 하는 소리'가 아니라 소리를 자유자재로 변화시키며 현장의 분위기에 알맞게, 새롭게 부르는 창법을 말한다. 이런 능력을 작창력이라고도 한다. 작창력은 배우로서 그녀의 최고 장점이었다.

---

4   조영숙, 『무대를 베고 누운 자유인』, 명상, 2000, 169쪽.

여성국극의 뒤안길

개괄하자면, 1950년대 중반까지 창극단 '장단 정석'은 진양조, 중모리, 중중모리, 자진모리의 순으로 빠르게 진행되었다. 엇모리와 휘모리 장단은 극히 드물게 사용되었다. 1950년대 후기 창작에서도 상기 장단 이외에는 사용이 금기시되었다. 특히 판소리 위주의 창극단에서는 불문율이었다. 임춘앵은 작곡에서 이 불문율을 서슴없이 깼다. 그는 무속 굿판에서 춤장단으로 흔히 쓰는 굿거리장단을 사용했고, 경기잡가의 양산도 가락 삼박자를 사용했으며, 과거 독경을 할 때 썻던 장단을 사용하기도 했다.

한 사례로, 굿거리를 신민요라고 하며 〈금강산타령〉으로 자주 불렀다. 〈견우와 직녀〉의 막이 오를 때, 시그널 음악으로서, 금강산 들짐승, 날짐승, 그리고 산속에 서 있는 나무들까지 흥겹게 춤을 추며 노래를 부른다. 무대 뒤에서 전단원이 합창으로 한다. 이 곡은, 자진모리까지 7분 정도 걸린다. 무대 한 장면의 소리로는 꽤 긴 곡이었다. 그러나 박수를 받았던 명곡이었다. 여성국극 경험이 없는 창악 선생들은, 이것이 일반 민요와 같다는 생각으로 앞뒤꽁지 다 자르고, 1분 남짓하게 부른다. 그저 들어본 대로 가르치다보니 중중모리장단으로 가르친다. 또 '소리강산회', '소리동산회' '소리사랑회' 같은 『남도민요집』에도 중중모리 장단이라 써 놓았다. 중중모리라 해도 틀린 것은 아니다.

그러나 이렇게 부르면 중간에 '삐끗'하는 대목이 나온다. 입으로 서서 부르는 중중모리와 굿거리 장단에 춤을 추며 부르는 노래에는 현격한 차이가 있다는 점을 잊지 말아야 한다. 중중모리 장단으로는 무대 공연 중 흥겨운 춤을 출 수 없었다. 곡 자체의 정서와 흐름의 맥을 바꿀 수 있다는 것을 간파한 임 선생님은, 창극계 원로들이 분수도 모른다고 폭언했으나, 오직 무대의 성공을 위해, 장단의 변혁을 이루어냈다.

또 작품 〈못잊어〉에서 '봄노래'라고 하며, 즐겨 부르는 노래가 있다. 무대에서 겨울, 눈사람들의 노래가 끝나면, 봄꽃으로 분장한 무희들이 노래를 부르며 춤을 춘다. 흥청거리면서도 역동적인 노래다. 이 곡을 처음 받았을 때, 배우들은 붙임새가 까다로워 헤매었고, 고수들은 장단이 어려워 짜증을 내었다. 화가 난 선생님은 경기잡가의 양산도가락으로 하라고 했다. 이 노래 역시 민요집에 세마치장단이라 기재되어 있다.

〈못잊어〉 김진진, 김경수가 떠난 뒤
마음 다잡아먹고 올린 작품

　　세마치는 남도소리의 진양장단과 박자 수가 같다. 그러나 장단을 치는 가락은 다르다. 세마치는 주로 설명이나 해설창에서 사용되고, 진양보다 짧게 끊어서 치고, 빠르고 간결하게 다섯 번째와 여섯 번째 박자를 잔가락으로 힘을 주어 맺어준다. 세마치장단은 무용에서 사용하지 않는 것으로 알고 있다. 태평무에서 특유의 장단으로 세마치와 비슷한 가락은 있다. 그러나 박자가 다르고, 봄노래의 양산도가락은 경쾌한 3박자를 기조로 하기에, 세마치와는 거리가 멀다는 것이다.

　　또 〈귀향가〉에서 남자 주인공이 부르는 노래가 있다. 나라의 현실 문제와 사랑의 갈등을 고민하며 부른다. 이 곡을 작곡할 때, 어정장단을 놓고, 임 선생과 한일섭 사이에 '된다' '절대 안 된다'로 언쟁이 벌어졌다. 결국 어정장단으로 곡을 완성해 반주하는 김세준에게 주었다. 김세준은 곡을 보고 버럭 화를 냈다. "내가 목이 뒤집어져(소리꾼의 목이 망가졌다는 의미) 비록 임춘앵 밑에서 장구를 치고 있지만, 나한테 감히 경經읽는 장단을 치라고 해?" 했다.

여성국극의 뒤안길

김세준은 판소리 중고제 동문이자 박동진이 머물고 있는 햇님국극단으로 가버렸다. 창극계에서 다시 장단 소동이 일어났다. 도대체 어정장단이란 무엇인가. 어른들은 젊은이들이 물어보지도 못하게 '어정장단이란 옛적 소리 광대들의 은어인데, 잡귀를 물리칠 때, 경을 읊으며 한 사람이 박자를 짚어가며 독경하는 박자'라고 했다. 그러므로 어정장단을 창극에서 사용하는 것은 작품의 자존심 문제라는 것이다. 임 선생은 의지를 굽히지 않았다. 좋은 무대를 위해 사용하는데, 신분의 높낮이, 장단의 성격(종류) 따위가 무슨 문제가 되느냐는 태도였다. 이렇게 선생님은 '창극의 현대화'를 위해 실천하며, 수많은 명곡을 남겼다. 여기에서 "어정"이란 독경의 은어였다.

임춘앵은 오랫동안 무용으로 다져진 균형 잡힌 체격과 어깨가 넓어 남자 역으로 적합했던 것, 춤으로 많은 무대 경험이 있으니 무대에서 동작선이 어색하지 않은 것, 대사 또한 상고시대극이 아닌, 조선시대 말인 근세의 억양으로 판소리의 아니리조와 비슷하여 크게 문제점이 없는 것, 창 역시 어려서부터 연마하였고 음성은 저음으로 수리성(요즘말로 허스키하고 저음의 창을 잘 구사함)과 천구성(하늘이준 타고난 구성진 목소리)을 지녔던 것 등을 배우의 자질로 고려해야 하지 않았을까, 나는 생각한다.

6. 임춘앵의 지도력

임춘앵의 단체 운영 방법은 당대 최고의 인재들을 참가시키는 데 주력했다. 먼저 배우진을 보면, 장기간 출입에는 변화가 있었지만, 대체로 다음과 같다. 창단 초창기에는 박초월·임유앵·박의숙·성추월·성금연·김취선·이송죽·김영자·김경애·김진진·조영숙(현 발탈 예능보유자)·한성숙·오정숙(명창과 동명이인)·최정자·김경수·지수복(지영희의 딸) 등이었다.

뒤를 이어 남해성·박옥진·조애랑·이월중선(줄타기 구 예능보유자 김영철의 부인)·강옥철·백설화·조금앵 등이었다.

동지사 시절 20세의 조영숙

여성국극의 뒤안길

환도한 이후 순극배우들이 여성국극 무대에 자주 출연했다. 정애란(후일 국립극단 배우)·고선애·노신성·이순희·지계순(배우 지두한의 딸)·도금봉(본명 지일화, 후일의 영화배우)·신옥봉·서낭자 등이다.

악사로는 김세준·신평일(이상 장고), 신쾌동·강동원·김윤덕(이상 거문고), 정달영·성태환(이상 가야금), 한주환·조한중(이상 대금), 지영희(해금, 피리), 방태진(태평소), 한범수(통애), 한일섭(아쟁, 작곡, 남해성의 부군)·정철호(작곡 및 아쟁, 조애랑의 부군) 등이다.

스태프진에는 조몽실(창지도, 조영숙의 부친)·고려성(작가)·조건(작가)·박진·이유진·이진순·양백명·박신출(이상 연출)을 들 수 있다.

작곡 및 편곡은 강장원(임춘앵의 형부)·한일섭, 미술은 김정환·원우전·홍종인, 무대장치는 임명선·김수만·이철·신코 아저씨, 조명은 이영일·황운수·김일남·이성남, 의상은 노라노·박귀연·최분숙, 소품은 박영진·방태진·이동규·김덕환, 기획과 진행은 이상호·홍순장·이동규·이정여, 고증은 김영주 등이었다.

무대 의상은 우리들이 패션이 무엇인지 모를 때 패션의 최고권위자 '노라노 양재학원' 원장이 직접 디자인하고 제작하였다. 그의 작품은 품위가 있으며 은은한 멋이 있다고 대단한 인기였다. 〈견우와 직녀〉의 의상에서 천상의 선녀들의 의상은 옷감이 환히 보이는 샤와 레이스, 망사의 재질에다 춤을 추거나 양손을 들게 되면 소매통이 갈라지고 양쪽 어깨에서 겨드랑이와 팔 끝까지 완전히 노출되게 하였다. 남자 역 의상 역시 팔을 내놓는 것은 흔한 일이 되어버렸다. 우리들은 머리를 양갈래로 따서 늘이고 다녔고, 미스코리아도 생기지 않은 때라 소리극 무대 위에서 속살을 드러냈던 것은 동지사가 최초였을 것이다. 현대사회로 한발씩 나아가는 여성국극의 모습이 보였다.

임춘앵은 애초부터 마지막까지 안무와 작창을 담당했다. 남녀혼성의 창극과는 달리, 여성국극은 새로 창작한 설화극이니만큼, 판소리 창법을 기조로 새 가사를 노래로 불러야 했다. 이른바 연극소리(연기자 개개인의 성격과 감정을 표현하기 위해 주고 받는 판소리 또는 창조를 일컫던 용어)를 발전시켰다. 기존의 조상선 같은 작창의 창극은 판소리 장단에 따른 성악이었던 것에 비해, 임춘앵의 성악은 판소리에 민속악인 굿거리, 독경 소리 같은 것을 첨부해 새로운 분위기를 창출했다.

그녀는 대사만이 아니라, 작품의 상황과 분위기에 알맞은 연기와 춤을 통해 음악극을 표현하고자 했다. 그녀 자신이 검무, 승무, 살풀이춤, 작곡, 악기 연주, 연기 등 모든 예능에 뛰어났으므로 연구생들에게 가르쳐 주었고, 아울러 그녀의 훌륭한 무대 연기는 모든 출연자들에게 무언의 교육이 되었다. 임춘앵은 무대에서 판소리를 하면서 여러 가지 동작을 하는 발림을 연기로 발전시켰다. 동작이 아름답고 화려한 느낌을 주었다.

> 그는 31세의 가냘픈 여성의 몸으로 60명의 단원을 거느리는 단장의 자리에서 인기
> 는 날이 갈수록 높아만 간다. 한국에 국악단(국극단)만 해도 7개 단체, 모두가 존재조
> 차 미미한데, 그는 왜 홀로 흥하는가. …(중략)… 한 번 프로가 바뀌는데 3백 만환의
> 경비가 든다. 운영상 애로는 고사하고라도 안무, 작곡, 그리고 한시라도 쉴새없이 제
> 자의 양성에 바치는 노력, "제자 가르치는 재미에 피로를 잊는다"고 말하듯이, 실상 그
> 는 20여 명의 연구생을 거느리며, 한편으로는 가정을 가지고 있다.(단장) 40여 명의
> 여단원들은 그를 불러 아주머니라 하고, 악사·사업·무대장치에 종사하는 20여 명의
> 남단원들은 (그를) 단장이라 한다. 단장이란 칭호는 정이 없어 싫다고, 본인이 말할 만
> 치, 어머니다운 온정의 소유자이기도 하다. 예도를 닦는데 눈에 불이 날만치 엄하다고
> 들린다.[5]

뒤에서 살펴보겠지만, 동지사가 공연한 작품들은 당시 어느 단체가 만든 것보다 신선하고 튼실하며 재미있었다. 임춘앵은 작품 역시 최고로 만드는 것을 지향했다. 아울러 가장 높은 가격으로 계약을 했다. 최고 인기 절정일 때, 동지사와 극장주의 분배 조건은 8대 2였다. 뒤로 가면서 점차 낮아지기는 했지만 이런 조건은 다른 단체서 찾아보기 어려운 수준이다.

---

5 「천하 여장군 임춘앵」, 『한국일보』, 1954. 2. 12.

1950년대 연극사는 여성국극이 중심이었다. 당시 여성국극하면, 임춘앵의 무대 연기와 매너, 단체운영 방식이 표준으로 인식될 정도로 관심의 대상이었다. 판소리 레퍼토리의 한계, 판소리의 구태의연한 창법에 대하여, 여성국극의 지속적인 레퍼토리개발, 남창이 하기 어려운 자연스럽고 섬세한 감정 표현, 무대 매커니즘의 변화에 대한 수용 등을 대중 친화력의 요인으로 들 수 있다.

> "과거의 유명 단체가 쇠퇴하여 재미있는 연극이 별로 없는 현실에서, 여성국극은 출연 배우들이 대부분 여성이고, 특히 소녀층이 많으며, 남장여성 배우에게는 특이한 매력이 있었다. 이것은 일본과 유사한 경향이다. 레퍼터리의 내용이 평이해서 파악하기 쉽고, 아울러 노인층의 회고 심리와 잘 호응되는 내용이었다"는 점을 성행의 이유로 지적할 수 있다.[6]

전쟁과 전쟁의 피해로 외국영화의 수입은 물론 국산영화의 제작이 어려워져 대중적인 드라마의 수요가 증대되었다. 또한 비극적 상황 속에서 창극은 현실의 고통을 망각하게 하는 오락성이 짙었고, 낭만적인 꿈을 제공하는 심리적인 위안과 호화로운 스펙터클을 보여주었다.

7. 역할의 독점과 대역

여성이 무대에서 남자주연을 하는 것은 매우 힘든 일이다. 체력 소모가 이만저만이 아니기 때문이다. 두 시간 사십분 동안의 공연 시간을 자신이 아닌 극중 인물이 되고,

---

6   「창극의 인기는 무엇?」, 『서울신문』, 1956. 10. 10.

작품 당 열다섯 마디 내외의 창과 춤을 추어야 하며, 연기까지 해야 한다. 그 노릇을 하루에 보통 두번씩을 해내야 하니 에너지 소모가 어느 정도일까 짐작이 될 것이다.

임 선생님은 창단 이래 줄곧 남자주연을 맡았다. 게다가 모든 작품의 총감독에서 극단 살림의 세부까지를 선두에서 지휘해야 했다. 세상에서 스타를 내세우는 여성중심주의 연극이라고 해도, 동지사만큼 단장의 역할이 큰 단체는 유례를 찾아보기 어렵다. 극단적으로 말하면, 단장이 주연의 역할을 독점하는 무리가 빚어졌고, 단체의 장래로 봐서는, 발전에 지장을 자행하는 운영 방식이었다.

선생님도 사람이었다. 동반자를 잃고, 결합과 이혼을 거듭하면서 신체적 무리와 고통뿐만 아니라, 마음속 외로움의 아픔을 극복하기 어려웠다. 술을 점점 더 마셨고, 더 과격해지고 변덕스럽게 행동했다. 급기야 익산의 이리극장에서, 낮 공연을 준비하다가 조카 김경수에게, 자신의 대역을 하라고 하고, 무대를 벗어났다.

내가 극단에서 처음 대역을 맡은 것은 〈공주궁의 비밀〉에서 박의숙의 마현장군 역이었고, 선생님의 대역을 처음 맡게 된 것은 〈선화공주〉의 서동역이었다. 관객들은 대역인 것을 알면, 대뜸 소리를 지르고 난리가 났다. "임춘앵이 내놓아라! 임춘앵이 나와라!" 무대 위로 방석이 달아들기 일쑤였다. 그래도 무대에 오르면, 모르는 채하고 연기를 계속해야 했다. 분위기를 가라앉히고 공연을 이끌어야 했다.

시간이 흐르면서 선생님은 아예 나를 당신의 대역 배우로 삼았다. 〈춘향전〉의 이도령, 〈극락과 지옥〉의 만다루, 〈못잊어〉의 청년, 〈춘서봉〉의 조신, 〈백년초〉의 명건, 〈수궁몽〉(견우와 직녀의 후편)의 견우 등, 대역을 많이 했다. 그러면서도 내 이름을 포스터에 대역으로 밝힌 적은 없었다. 조카들을 스타로 띄워 주는 데는 열심이었지만 나에게는 그런 면에 신경을 써주지 않았다. 다만 3년 정도 내가 극단 살림을 도맡아 할 때, 내가 고생한다고 단원들 몰래 용돈을 주는 배려를 했다.

혼자서 고군분투하다 결국 나는 병을 얻었다. 마산극장에서 〈견우와 직녀〉의 후편인 〈수궁몽〉 공연할 때, 40도를 넘는 고열로 온몸이 절절 끓었다. 그래도 대역은 쉴 수 없었다. 상대방의 대사가 들리지 않을 정도로 열이 나고 눈앞이 뿌옇게 보였는데,

방자 역을 시연하는 조영숙

어떻게 대사를 했는지 기억나지 않았다. 정신없이 연기를 마치고 비틀거리며 퇴장했다. 무대를 나서면서 그 자리에 쓰러졌다. 선생님이 요양에서 돌아와 나를 우석대병원에 입원시켰다. 건성늑막염이라 했다.

　1953년부터 공연하기 시작한 〈대춘향전〉은 동지사의 대표적인 레퍼토리였다. 초연에서 방자 역을 김경애가 맡았는데, 재공연부터 나는 줄곧 방자 역을 맡았다. '방자 하면 조영숙', '조영숙 하면 방자 역'이었다. 동지사가 사라진 뒤, 최근까지도 나는 방자 역을 나의 타고난 배우 역할로 생각하고 열정적으로 연기해왔다.

　익살스럽고 자유롭고 우스꽝스러운 역할을 나는 자랑스럽게 생각한다.

05

●

공연작품

1. 초창기

동지사는 매년 2, 3개의 신작을 무대에 올렸다. 한 작품이 오르면, 다음 작품은 공연 도중에 무대나 다른 장소를 이용해 연습을 계속했다. 그러므로 작품이 끝나고, 잠시 휴식을 취하고, 다시 다음 작품으로 이어지는 것이 아니라, 준비된 레퍼토리가 이어졌다. 주연급은 거의 그대로 유지된 셈이지만, 출연자들은 자주 바뀌었다. 주연급이 극단에 새로 들어오거나 다른 단체로 떠나는 것은, 하나의 사건으로 생각할 정도로, 주목을 받거나 풍파를 일으켰다.

동지사의 정확한 공연목록은 남아있지 않다. 기록을 찾을 길도 막연하다. 연중 줄곧 신작과 재공연 작품을 번갈아 공연했으므로 공연 횟수는 신작을 훨씬 능가했다. 나로 서는 대강을 기억할 뿐, 작품이 바뀌고, 날짜가 바뀐 것을 분명히 밝힐 수 없다. 이미 출판된 기록들에도 오류가 적지 않은 것으로 여겨진다. 그러므로 여기서 내가 말하는 것은 기억에 의존한 것이 대부분이다.

1952년 2월 25일, 동지사 창단공연으로 〈공주궁의 비밀〉을 광주극장에서 공연했다.

〈공주궁의 비밀〉(1952, 재공연) 왕 역의 조영숙

20일이라는 기사도 있으나 틀림없는 25일이다. 지난해 겨울부터 준비해온, 말 그대로 천신만고 끝에 이루어진 작품이었다. 조건 작·연출이었다. 조건은 출연자의 인원에 맞게 등장 인물을 조정해가며 대본을 쓴 것이라 했다.

고대 월지국의 젊은 왕(임춘앵 역)이 이웃나라인 고비리국을 찾아오는 데서 극이 시작되는 설화극이었다. 우호관계를 위해 국혼을 요청하기 위함이었다. 고비리국에서는 공주(김취선)을 보내지 않기 위해 왕을 살해할 계획을 세웠다. 옹주 역으로 김진진이 등장했다. 공주의 시녀인 버들아기(박초월)를 공주로 분장해 왕을 맞게 한다. 시녀는 신방에서 왕을 살해하려다가 양심에 찔려 돌연 자신의 정체를 밝힌다. 왕은 분풀이로 공주를 잡아간다. 결국 두 나라는 화해하고 왕은 정직한 버들아기와 결혼한다는 이야기다.

이 작품에 참가한 출연자는 임춘앵·박초월·김취선 이외에, 박의숙(마현장군)·성추월(고비리국왕)·성금연(이슬마로장군)·이송죽·김영자·김진진(본명 김인수) 등이었다. 연구생들도 잠깐씩 출연했다. 나는 군졸1 역이었지만, 동지사의 첫 출연이었다. 3개월 후 재공연에서, 나는 마현장군 대역을 했다. 대사와 창도 어느 정도 할 수 있었다. 김진진이라는 예명은 '진진 옹주'라는 역할에서 비롯되었다.

첫공연부터 관객이 밀려들었고 열렬한 반응을 보였다. 최고의 명창이 버들아기를 연기했지만 39세의 박초월보다 19세의 김진진에게 관객들의 반응이 쏠렸다. 박초월의 노래보다 김진진의 젊은 미모에 시선이 모였고, 객석에서는 노골적으로 '옹주와 버들아기 역을 바꾸라'는 반응이 일어났다. 이런 목소리를 들은 박초월은 심기가 몹시 상했다. 임춘앵이 설득해 다음의 목포, 김제, 군산 공연까지는 박초월이 했지만, 다음의 전주 공연에서 단 한 번 버들아기 역을 김진진이 맡았다. 이 공연을 계기로 그녀는 여성국극계에서 주목하는 배우가 되었다.

이 작품은 여성국극의 특징을 부각시키기 위해 임춘앵의 오랜 모색이 실현되는 첫시험대였다. 그녀의 소리와 춤, 연기, 의상과 소품 등은 최고의 장기와 열정을 드러낼 수 있도록 고안되었다. 여자가 아니라 28세의 젊은 청년 왕으로서 손색이 없었다.

여성국극의 뒤안길

그녀의 화려한 차림새와 늠름한 행위만으로도 관객들은 연극의 매력에 흠뻑 빠져들었다. 여자배우가 오히려 남자배우를 능가할 만큼, 남자 역을 잘할 수 있다는 실증을 보여주었다.

대전, 대구 공연을 끝내고, 동지사는 피란지의 중심인 부산으로 왔다. 포항에서는 소방서에서 공연했다. 배우들은 작은 고기잡이 배를 타고 그곳에 갔는데 멀미를 하는 사람들이 많았다. 그때 성금련 선생이 출산한 것도 기억이 난다. 당시 동아일보에는 공연평, 신태양 잡지에는 인터뷰가 게재되었다.

> (공연평) 작품보다 연출의 공묘치밀한 힘은 2시간 40분에 걸친 전장면을 통하여 관중 심리를 잘 이끌어가고 있다. 그리고 작곡에 있어, 창극의 졸벽인 따분하고 지루함을 잘 면하였음은 좋은 착안이라 하겠으며, 또 전 출연자의 능숙한 창은 근래에 드문 맴버라 하겠다. …(중략)… 초막 템포가 다소 느린 것과 종막의 단단감單斷感은 다소 섭섭하나, 이만하면 과찬은 불허하나, 단원들의 열을 칭양해도 무방하다고 본다.[1]

> (인터뷰) 여성국극이 국극예술이라면, 예술을 위하여 일생을 바쳐보겠다. 장래의 욕망으로는 후배양성기관 하나 예쁘장스럽게 만들고 싶고, 사정이 용서된다면, 해외로 우리 고전국극을 소개하고 싶다.[2]

〈공주궁의 비밀〉에 이어, 〈반달〉을 공연했지만 흥행에는 실패했다. 〈반달〉은 1952년 7월부터 부산극장에서 시작했다. 신라시대의 한 청년(임춘앵 역)이 산골에 묻혀 살다가 자신도 몰랐던 왕위를 찾는다는 설화극이었다. 청년은 노인(성금련)과 함께 살고 있고, 처녀(이국노)와 다정하게 지낸다. 산골을 지나가던 공주(김진진)가 우연히 한 청년

---

1   『동아일보』, 1952. 7. 11.
2   임춘앵, 「십분간 회견기(대구공연에서)」, 『신태양』, 1952. 10.

을 만나게 된다. 공주를 짝사랑하는 남자(박의숙)가 등장한다. 처녀의 오빠(이송죽)는 얼빠진 연기로 관객을 웃긴다. 나중에 청년은 궁중에 초대를 받는데, 내력을 살펴보니, 그 청년은 공주의 잃어버린 오빠이고, 노인은 과거의 대신이었던 것이다. 미로와 같은 사건이 풀려 마지막에 청년은 왕이 되고 처녀와 결합하는 내용이다.

〈반달〉 역시 조건 작·연출이었는데, 너무 작위적인 내용이라는 평을 들었다. 동지사는 호남지 역 순회공연을 떠났다. 〈반달〉에서, 임춘앵은 이국노를 공주역으로 내세웠다. 절에서 수도하던 여자라고 했다. 작가 조건은 자기 연인이었던 김취선이 공주역을 맡기를 희망했다. 그의 뜻은 수용되지 않았다. 그는 연인과 함께 햇님국극단으로 가버렸다. 조건은 햇님에서 〈바보온달〉 같은, 좋은 작품을 박동진 명창의 작곡으로 무대에 올리며 극단 이름을 빛냈다. 한때 햇님은 동지사와 쌍벽을 이뤘다.

그해 8월 22일에 〈황금돼지〉를 하려고 막을 올렸지만 원작자 문제로 공연중지되는 사태를 만났다. 이 사건은 뒤에서 다시 논의하기로 한다.

1953년 2월 음력설 무렵에 동지사는 〈대춘향전〉을 부산극장에서 공연했다. 과거 동양극장에서 공연했던 대본을 줄여 박진이 연출했다. 초빙된 배우는 신숙(춘향 역)과 월매(임유앵)이고, 임춘앵(이도령)·방자(김경애)·향단(김진진)·사또(박의숙) 등이 출연했다. 김진진은 이 작품에서 주연급으로 격상되었다. 나는 후배사령, 집장사령, 운봉 등 3역을 맡았다. 재공연에는 방자 역을 했다.

말 그대로 대박중의 대박이었다. 매일 같이 많은 관람객으로 극장 안은 발 디딜 틈 없이 꽉 찼다. 무대에서 내려다보면 객석 한가운데 센터라는 조명 라이트가 장치되어 있었다. 그 시절 몇 키로와트의 전구가 있을 리 없으니 금속 용접할 때 쓰이는 카본을 이용하여 스파크를 일으켜 그 빛을 사용했다. 조명장치를 해놓고 꼭 필요 할 때만 불을 켜고 그 주위만 희미하게 해 놓았다. 그 불빛에 보이는 객석은 관람객의 머리가 검은 콩으로 만든 콩나물 시루 같아 보였다. 무대 앞에 턱을 괴고 엉거주춤한 자세로 서서 구경하는 사람들 때문에 악사석에서 제대로 반주를 못할 지경이었다. 무대에 올라와 앉은 사람들 때문에 등퇴장을 하기 어려웠다. 한때 객석이 소란스러워

여성국극의 뒤안길

〈대춘향전〉 시공관(1954) 오른쪽부터 이도령(김경애), 운봉장(조영숙)

〈대춘향전〉 한국전쟁이 휴전되고 서울로 환도하기 전 부산 초량의 중앙극장에서 공연했다.

나와보니 출산기가 있는 임산부가 오가도 못하고 울부짖는데, 임산부를 행가래 모양으로 팔을 올려 머리 위로 조심스럽게 서로의 손에서 손으로 옮기고 있었다. 이때부터 동지사는 돈 방석에 앉았다. 그 덕에 우리 연구생들도 수입이 조금씩 늘었다.

부산 공연 후 경상도와 전라도 일대를 순회공연했다. 세트는 전용트럭이 운반하고, 단원들은 버스를 대절해 이동했으며, 현지의 극장주들은 최대로 편의를 제공해주었다. 언제나 예약이 세 군데, 네 군데 밀릴 정도로 인기를 끌었다. 신대우와 함께 기획 업무를 보던 이상호는 '극장이 펑크나는 줄 알았다'는 말로 당시 극장의 상황을 표현했다.

2. 환도 이후

1953년 7월에 대한민국이 불참한 상태에서 휴전협정이 이루어졌고, 9월에 국회는 부산에서 서울로 환도했다. 임춘앵은 돈의동에 한옥을 마련하고 동지사를 운영했다. 앞마당이 넓어 단원들이 연습할 공간으로 이용할 수 있었다. 집수리가 늦어져 청계천 수표교 근처 대흥여관에 투숙하며, 공연에 대비했다. 청계천에는 맑은 물이 흘러 빨래 터로 삼았다. 서울로 오면서 동지사는 '임춘앵과 그 일행'이라는 명칭을 자주 사용하게 되었다.

1954년 4월 8일 〈바우와 진주목걸이〉는 부산에서 공연을 하다가 서울로 올라왔다. 제작진은 고려성 작, 이유진 연출, 김준섭 편곡, 임춘앵 안무, 장치 원우전이 담당했다. 이 작품은 고구려시대를 배경으로 한 설화극이었다. 형인 왕을 죽이고 아우가 스스로 봉상왕(노신성 역)이 된다. 선왕을 모시던 늙은 충신(이순희)은 선왕의 왕자 바우(임춘앵)를 모시고 도주한다. 두 사람은 산속에 숨어서 사냥으로 살아가는데, 왕자는 이웃 처녀 아랑(김진진)을 사랑한다. 어느날 봉상왕이 사냥을 나왔다가 아랑의 모습에 반해 궁으로 데려간다. 이 사건에 충격을 받은 왕자는 이웃 친구 재모(조영숙)와 힘을 합쳐 왕위를 되찾는다는 이야기다.

임춘앵이 말을 타고 등장하고, 비가 내리고, 번개를 치는 효과를 내는 등 무대 표현에 특히 노력을 기울인 공연이었다. 꿈의 장면에서, 나무 그루터기에 달린 문이 열리면, 안에서 선녀들이 쏟아져 나와 바우, 아랑과 함께 춤을 추는 광경도 연출되었다. 궁중무 용 장면에서 무희들 의상이 화려하고, 열두 명의 무희들이 색동 한삼을 뿌리며 돌아가 면, 무대는 황금색의 꽃밭이 되었다. 임 선생님의 안무는 전통무용을 절대적인 근본으 로 삼았다. 6·25전쟁 중의 열악한 조건이었는데도 철저한 고증을 하여 원형을 훼손하 지 않으며 안무하여 무대를 풍요롭게 했다.

왕 앞에서 부르는 권주가를 가곡의 진수라는 '편락'의 버전으로 박자와 곡을 만들어 불렀다. '술잔위에 꽃을 띄워 바치오니…' 이 노래를 부르면 순간 무대는

〈바우와 진주목걸이〉(1954) 재모(조영숙)

여성국극의 뒤안길

〈바우와 진주목걸이〉(1954) 아랑의 오빠 김경신(조영숙)

숙연하고 장엄한 분위기로 왠지 거대한 나라 고구려시대에 서 있는 느낌이 들었다. 작곡을 통해 그 내용이 풍성해진 것이다.

동지사는 돈의동 집을 근거로 활동했다. 배우는 박의숙, 성금련만 남고 아주머니 단원들은 전부 떠났다. 이 시기에 소위 순극파 또는 연극파 배우들은 여성국극의 질을 높이는 데 일조했다. 이들은 비록 창은 하지 못하나 무대에서의 연기력은 훌륭했다. 1954년 6월 11일 〈구슬과 공주〉는 과거에 주목을 받았던 〈선화공주〉(1948. 8)를 이유진 윤색 · 연출로 공연한 것이다.

백제 왕자 서동(임춘앵 역)은 간신들의 농간으로 궁에서 쫓겨나 철령 산골에서 살아간다. 신라에는 버들과 선화(김진진), 두 공주가 있었는데, 서동은 선화공주를 선망해 서동요라는 노래를 지어 널리 퍼뜨린다. 이 동요를 계기로 서동과 선화는 서로 사랑하게 된다. 사실이 알려지자 서동은 옥에 갇히고, 선화공주는 유배를 가야할 처지에 놓인다. 간신 석품은 선화공주에게 사약을 먹이려 한다. 그러나 버들공주의 배필인 용수급찬은 선화공주를 구해낸다. 서동은 백제로 돌아와 왕이 된다. 마지막에 두 사람의 국혼이 성대하게 이루어진다. 나는 서동의 친구인 철쇠 역을 맡았다.

앞서, 〈황금돼지〉 사건에 놀라, 임 선생님은 조상선 원곡을 자신의 편곡으로 교체했다. 원곡의 이미지는 좋은 데 좀 딱딱한 느낌을 주었다. 선생님은 부드러운 선율과 아름다운 분위기로 바꾸었다. 안무는 구성 자체가 뛰어 났으며 춤사위는 우아하고 단아하며 역동적이었다. 이 안무를 보고, 송파산대놀이의 허호영은 '임춘앵의 무용은 최승희와 견줄 만하다'고 격찬하기도 했다.

선화공주를 사모하던 서동(임춘앵 역)은 영흥사에서 선화를 보고 자신의 처지를 한탄하며 노래를 부른다. "이몸이 천하다고 마음조차 천할손가, 입은 옷이 더럽다고 이내 청춘 더러우랴...차라리 공주님 앞에 죽어지면 나의 극락이 그 아니냐.' 이렇게 노래하며, 선생님은 절이 있는 법고를 겹가락으로 쳤다. 미친 듯이 박자 하나 놓치지 않고, 양손을 보이지 않을 정도로 꼬아가며 휘모리 장단(시산조시 장단이라고도 했다)으로 빠르게 몰아치니, 객석에서 엄청난 박수와 환호소리가 울렸다. 감히 어느 누구도 따라 칠

수 없는 전설이었다.

동지사의 음악은 음률과 박자 등 모든 분야에서 상관하지 않고 적소에 삽입하였다. 제1막 영홍사 장면에서 "문종성 번뇌당 지혜당 보리생 파지옥지는 옴바라제야 사바하…"를 스님 역의 배우가 직접 목탁을 치며 선창을 하고 탑돌이 노래를 합창했다.

3. 전성기

1954년 3월 23일 〈백호와 여장부〉를 시공관에서 공연했다. 조건 작, 이유진 연출이었다. 고대 신라, 말갈, 백제 등 3국 관계를 배경으로 전개되는 설화극이었다. 말갈을 중심으로 전개된다. 신라의 장군 백호(임춘앵 역)와 부관 덥석쇠(조영숙)는 변신을 하고 말갈에 스며들어, 말갈인의 행세를 한다. 그러므로 대신 흑표(신옥봉)와는 동지이자

〈백호와 여장부〉(1954)

〈백호와 여장부〉(1954) 왼쪽부터 이뿐이(이향금), 덥석쇠(조영숙)

〈청실홍실〉(1954) 청사랑(임춘앵)의 하인 역(조영숙)으로 출연

대립의 성격을 지닌다. 말갈왕은 이 사실을 모른 채, 이들을 세작으로 신라에 보내 정보를 얻어오도록 한다. 여장부라는 별명을 지닌 공주(김진진)를 놓고 백호와 흑표 사이에 갈등이 벌어진다. 흑표는 부마가 되기 위해 공적을 독점하려 하고, 백호는 양보한다.

공주는 처음에 백호를 미워하다가 점차 마음에 끌린다. 흑표는 백호를 모함하고, 섬으로 귀양을 보내도록 한다. 그리고 자객을 보내 살해하려 하지만, 처녀 이뿐이의 도움으로 살아난다. 공주에게 사랑을 고백한 백호는, 자신이 신라의 장군임을 고백한다. 그러나 공주는 의외로 '조국을 배반해서라도 그대와 함께 하겠다'고 선언한다. 이 신방 장면에서 공연중에 한 무희의 구두굽이 무대 위에 떨어지는 사태가 일어나 웃음바다가 되기도 했다. 마지막에 말갈왕은 백호와 공주를 결혼시키고, 신라와 화친을 맺으며, 두 장군은 다시 우정이 두터워진다.

이 공연에서 임춘앵은 적진에 들어가 북을 치는 장면을 연출하는데, 3개의 북을 놓고 무아지경에 이르도록 멋진 연주를 보여주어 갈채를 받았다. 1955년 이 작품을 공연하고 있을 때, 김연수가 주도한 우리국극단은 구마산에서 공연하기로 약속을 잡았다. 그런데 임춘앵의 동지사가 공연을 오게 되자, 극장주는 우리국극단의 공연을 돌연 취소했다. 우리국극단은 신마산으로 밀려나 간신히 공연을 마쳤다. 여관비를 물지 못할 정도로 어려움을 겪어야 했다. 상대적으로 동지사의 인기를 말해주는 사건이었다.

1954년 6월 9일 셰익스피어의 〈로미오와 줄리엣〉을 번안한 〈청실홍실〉을 고려성 작, 이유진 연출로 공연했다. 서기 950년 경, 발해를 무대로 거란족이 국경을 위협하는 상황에서, 국내에서는 좌상과 우상 세력이 권력을 다투는 내용을 배경으로 삼아 사건을 펼쳤다. 좌상의 아들 청사랑(임춘앵 역)과 우상의 딸 홍랑(김진진)이 부친들의 갈등과는 정반대로 죽음을 무릅쓴 사랑을 나누는, 진한 러브 스토리를 극화했다. 나는 청사랑의 하인 역으로 출연했다.

우상집을 무대로 극이 진행된다. 우상의 양아들인 봉우(신옥봉)는 홍랑을 짝사랑하며 청사랑을 죽이려 한다. 청사랑의 친구 용춘(김경수)은 봉우를 죽이는데, 청사랑은 용춘

여성국극의 뒤안길

을 구하려다가 오히려 용춘과 함께 체포되는 등, 복잡한 사건에 휘말린다. 용춘의 하인(조봉란)도 등장했다. 마지막에는 원작과 달리, 두 연인이 결혼하는 해피엔딩으로 이루어진다.

이 작품을 공연할 때 박의숙은 이미 퇴단했다. 구름다리 무대를 세우고 장치는 요란했지만, 기대만큼 흥미를 끌지는 못했다. 관객이 많지는 않았다.

1955년 2월 16일 고려성 작, 이유진 연출로 〈여의주〉를 공연했다. 오랜 옛날 불함산 성의 이화불이라는 숲에서 청년 해루(임춘앵 역)가 처녀 주랑을 구하고 사랑하는 설화극 이다. 나는 해루의 친구 마루 역이었지만 대본보다 역할이 많이 축소되었다. 곱사등이 두꺼비(이순희)가 강보에 싸인 아기를 주어다가 16년을 길러준 것이 주랑이다. 이곳 부족장인 불구내는 용신제에 자신의 딸을 희생시키지 않기 위해 처녀 제물을 사려고 마을에 나타나고, 이를 동기로 두꺼비는 주랑을 불구내에게 비싼 값에 팔아버린다.

용신제는 마을에 사는 이무기를 달래는 의식이다. 마루는 이무기를 죽이기 위해 도끼를 들고 달려들었다가 물려 죽는다. 신선이 나타나서 해루에게 여의주를 준다. 해루는 이무기에게 여의주를 주겠다고 하고, 이끌어내어 칼로 죽인다. 이무기가 죽자 여의주는 사라진다. 악한 두꺼비는 잡혀 죽고, 남녀 주인공은 사랑을 이룬다.

임춘앵의 중심으로 벌어지는 마지막 춤판과 두꺼비의 음흉하고 능청스러운 연기가 매력을 느끼게 했다. 이 작품을 공연할 때 이순희가 껌으로 주먹코를 붙였는데, 껌이 녹아 다시 떨어지는 사태가 벌어져 웃음바다를 이루었다.

〈원본 춘향전〉을 시공관에서 공연했다. 여기서 원본이라 함은 완판본 '열녀춘향수 절가'를 일컫는다. 박진 작·연출이었다. 임춘앵을 비롯해, 임유앵·장월중선·오정 숙·한성숙·김진진·조영숙(방자 역)·김경수 등이 출연했다.

1955년에 박신출 작, 이진순 연출 〈목동과 공주〉를 국도극장에서 공연했다. 마한의 한 부족인 아나국의 사라태왕은 전란에 휩쓸리고, 딸 나비공주(김진진 역)는 산중으로 피신해 신분을 숨기고 살아간다. 공주는 우연히 목동 마투루(임춘앵)를 만난다. 마투루 는 그녀가 공주인 것을 모르고 사랑에 빠지고 결혼을 원한다. 궁중으로 돌아온 공주는

〈목동과 공주〉(1955) 오목이(조영숙)

여성국극의 뒤안길

부왕과 모후가 모두 사망했다는 소식을 듣게 되고, 숙부 사라구가 왕에 등극한 것을 알게된다. 또한 사라구의 딸을 나비 대신 공주로 삼으려는 비극을 맞는다. 한편, 궁중으로 잠입한 마투루는 공주를 연모했다는 죄로 옥에 갇힌다.

마투루는 감옥 속에서 동굴에 갇힌 사라태왕을 발견하게 됨으로써, 사라구가 벌인 음모가 밝혀진다. 또한 사라태왕은 마투루가 충신 불모의 아들이라는 사실을 알게 된다. 옥에 갇혔던 마투루와 그의 친구 오목(조영숙)은 나비공주의 시녀 분꽃(최인순)의 도움으로 탈옥한다. 사라구는 나비공주를 자신의 심복인 비치와 강제결혼시키고자 한다. 나비는 자신의 희생을 통해 마투루를 살리고자, 그 조건으로 사라구에게 비치와의 결혼을 수락한다. 혼례식이 벌어지는 날, 사람들의 기대와는 달리, 분꽃과 오목, 나비와 마투루 부부가 나란히 등장하고, 미리 잠복하고 있던 병사들이 쳐들어와 사라구 일당은 마투루 세력에 의해 섬멸된다. 사라태왕이 다시 옥좌에 앉는 데서 막을 내린다.

이 작품은 흥미진진한 스토리와 반전에 반전을 거듭하는 장면이 관객을 매료시켰다. 조영숙과 최인순이 대표 배우로 활약했다. 1954년 이 작품을 공연할 때, 뒤에서 소개하는 지영희 선생의 은어 사건이 일어났다. 공연이 끝나고 선생의 가족 3인이 극단을 떠나, 나로서는 특히 잊을 수 없는 작품이었다.

1955년 2월 6일 〈무영탑〉을 시공관에서 공연했다. 현진건 원작 소설인 이 작품은, 1938년 『동아일보』에 연재되었다. 당시 일본 군국주의체제가 극렬해지면서 문학이 현실에 대한 직접적인 표현을 하기 어렵게 되자, 과거의 사실을 소재로 한 역사소설이 유행하게 되었는데, 이 작품은 이런 상황에 편승해 창작된 것이다. 고려성 각색, 이유진 연출이었다. 공연에 앞서, 동아일보는 "이 〈무영탑〉은 관중의 가슴을 찌를 것이다"라는, 기사를 통해 기대감을 부추기기도 했다.

불국사 대웅전 앞에 서 있는 다보탑(동편)과 석가탑(서편)은 세계적으로 자랑할 만한 탁월한 걸작으로서, 높이 평가되고 있다. 연극은 석가탑을 배경으로 전개된다. 원작의 의도를 살리되 극적으로 재미있게 재구성했다. 탑을 세운 조각가인 석공 아사달(임춘앵역)은 집에서 떠날 때 아내인 아사녀(한성숙)에게 '석탑이 완성되면 만나자'는 약속을 한다. 석탑을 세우기에 여념이 없는 사이에 대신 유종(노신성)의 딸 구슬아기(김진진, 원작의 주만)는 아사달에 대한 연모의 정을 불태운다.

아사달은 그를 찾아온 그 누구도 만나주지 않는다. 팽개(조영숙)는 아사녀를 겁탈하려다 실패한다. 아사녀는 남편을 찾으러 갔다가, 한 스님(떠는턱, 서낭자)의 말에 속아, 영지로 간다. 또한 거기서 뚜쟁이 노파(콩콩이, 이순희)는 남편을 찾지 말고 새 생활을 찾으라고 권유한다. 아사달은 구슬아기를 거절하고, 그녀는 아사달 문제로 아버지와 심하게 갈등한다. 탑이 완성되는 날, 아사녀는 환청을 들으며 연못 속으로 들어간다. 그녀를 찾던 아사달도 연못 속으로 들어간다. 부친의 명령으로 구술아기를 화형시키는 불길이 멀리 타오른다.

주인공 3인이 모두 죽는 비극이다. 마지막 장면에서 무용수들은 몸으로 탑을 쌓았다. 맨 위에 구술아기, 아사달, 아사녀 3인이 올라있는 탑이었다. 이를테면 3인의 영혼이 담긴 탑의 이미지를 그린 것이다. 아사달은 '석수쟁이'라는 사회적 천대를 받았지만 세상에서 가장 빛나는 작품을 완성한 인물로 묘사되었다. 관객들의 폭발적인 반응을 받은 공연이었다.

4. 쇠퇴기

1955년 9월 30일 고려성 작, 이유진 연출로 〈낙화유정〉을 공연했다. 고구려시대를 배경으로 한 작품이었다. 동지사는 처음으로 임춘앵이 출연하지 않는 작품을 무대에 올렸다. 단체의 위기를 암시하는 공연이었다. 출연자는 김진진 · 김경수 · 한성숙 · 오정숙 · 최정자 · 조영숙(산적 두목 역) · 강옥철 · 노신성 · 이순이 등이었다.

임춘앵은 모습을 보이지 않았다. '임춘앵 사망설'이 나돌기도 했다. 뒤에 알려진 소식이지만, 임춘앵은 신경쇠약증을 치료하기 위해 3개월 동안 인천의 어느 병원에 입원하고 있었다. 10월 동양극장에서 재공연되었다.

여성국극의 뒤안길

이듬해 2월 이익 작, 이진순 연출 〈백년초〉를 시공관에서 공연했다. 신라시대를 배경으로 한 설화극이었다. 결혼을 며칠 앞 둔 문이(이순희 역)는 산중 초막에서 배석장군(김경수 역)과 반갑게 만난다. 배석은 백제와의 전투가 불리하던 순간에 문이의 도움으로 전날 목숨을 건진 데 깊은 감사를 표한다. 문이의 남편이 될 현수는 두 사람의 만남을 오해하고 자객을 시켜 배석을 살해한다. 20년이 지난 뒤, 문이의 아들 명건(임춘앵)은 사라진 어머니의 행방을 찾으며, 배석의 부하였던 원죽 부장(노신성)에게 화랑도를 열심히 배우고 있다. 그런데 백제의 세작(간첩) 미향은 '어머니가 계신 곳을 알려주겠다'고 유혹해, 명건으로 하여금 병서를 훔쳐오도록 해 가지고 도주한다.

사실 현수와 문이는 백제로 도주해 벼슬아치로서 살고 있었다. 미향은 임무를 완수했지만 명건에 대한 죄의식에서 벗어나지 못한다. 원죽이 군법위반으로 처벌을 받게 되는 날, 명건과 원죽의 딸 월희(조애랑)는 병서를 들고 나타난다. 상문 화랑(김혜리)은 월희를 짝사랑한다. 모두가 미향의 도움이었음이 밝혀진다. 진흥왕(조영숙)과 모든 사람들은 기쁨에 넘친다.

김혜리까지 배역을 맡으로써 임춘앵의 언니 임임신의 세 자매(이종 조카들)들은 모두 여성국극의 무대를 빛내게 되었다. 김혜리는 매우 논리적인 성격으로 그 동안 연구생으로 수련하고 있었다. 이모의 노래와 춤을 보면서 뒤늦게 여성국극에 빠져들게 되었다.

1956년 7월 30일 고려성 작, 이유진 연출 〈눈 우에 피는 꽃〉을 시립극장에서 공연했다. 이 작품은 고려성의 마지막 작품으로서 그는 공연을 보지 못한 채 작고했다. 고구려시대를 배경으로 한 설화극이었다.

내평인 계영(임춘앵 역)은 화운공주(전옥순)와 사랑하는 사이이다. 계영의 누이 피리가 왕(임유앵)의 문병을 왔다가 왕의 베개가 되어 '움직인 죄'로 사형을 받게 되었다. 왕은 미녀를 베개로 삼는 악습을 지녔다. 계영은 이를 간하다가 그마저 사형선고를 받게되자, 외평 을지룡(김경수)에게 누이를 부탁하고 도주한다. 그러나 화운을 흠모하는 을지룡은 질투의 감정으로 이런 사실을 고발함으로써 왕의 신임을 얻고, 계영을 체포하러

〈눈 우에 피는 꽃〉(1956) 왼쪽 앞줄부터 산적 두목(조영숙), 을지룡(김경수)

여성국극의 뒤안길

떠난다. 계영은 외지인 임유관에서 을지룡의 누이 송희(김진진)와 인연을 맺는다. 송희의 정보로 을지룡은 계영을 체포한다.

고구려와 한나라의 싸움이 일어나자 왕은 임유관으로 시찰을 나오게 되고, 그날밤 송희를 베개로 삼으려 한다. 을지룡은 자기 권세를 위해 누이를 이용하려 하지만 송희는 계영을 찾아 떠난다. 한편, 계영은 국내성으로 가는 도중에 왕산의 도움으로 구출되어 산중에서 살고 있다. 천신만고 끝에 계영을 찾은 송희는, 자신이 그를 고발한 잘못을 고백한다. 을지룡은 왕의 가짜 시신과 유서를 들고와서 왕위에 오르려 한다. 그때 나타난 왕은 을지룡을 활로 쏘아 죽인다. 계영은 화운공주와 결혼하고, 송희는 두 사람의 결혼을 축하하며 눈길을 따라 절을 찾아 떠난다. 나는 산적두목으로 출연했다.

1956년 10월 4일 〈콩쥐팟쥐〉를 시립극장에서 공연했다. 고려성이 대본을 남긴 유작으로서, 임춘앵의 오빠 임천수가 운영하는 국보오페라학원의 인재들을 출연시킨 작품이었다. 주역 배우로는 콩쥐(김진진 역) · 팟쥐(최인숙) · 팟쥐모(신숙) · 샛별(임춘앵과 김경수) 등이 출연했다.

오페레타 〈대춘향전〉을 시립극장에서 공연했다. 이 작품은 〈콩쥐팟쥐〉를 공연할 때 동시에 의도한 것으로서, 임천수의 전문분야 오페라와 여성국극을 융합해보려는 오누이의 실험적인 무대였다. 오페레타는 '작은 오페라'라는 의미이나 실제로는 극의 진행을 대사가 주도하고 거기에 가창이나 무용이 삽입되는 형식을 말한다. 희歔가극 또는 경輕가극이라 부르기도 한다.

이몽룡(테너 임천수 역), 춘향(소프라노 최민자와 김진진), 방자(임춘앵, 김경수), 향단(김옥진), 월매(임유앵), 변학도(고설봉), 최민자는 국보오페라단의 단원으로 임천수의 제자이고, 고설봉은 동양극장 출신의 배우였다. 〈콩쥐팟쥐〉가 판소리에 서양식 멜로디를 융합한 것이라면, 〈대춘향전〉은 오페라 창법에 판소리를 융합한 것이었다. 이 공연은 높은 관심을 끌었던 반면에 수지면에서는 실패하고 말았다.

1957년 3월 13일 조건 작, 이유진 연출 〈연정칠백리〉를 시립극장에서 공연했다. 조선시대 왕자비의 간택을 소재로 벌어지는 무협극이었다. 전라도 나주 외가에서 향랑

(김진진 역)은 왕자비로 물망에 올랐다는 전갈을 받고 급히 상경하게 된다. 도중 채운의 집에서 보낸 자객들에게 생명의 위협을 받는다. 이때 어디선가 협객(임춘앵)이 등장해 향랑을 구해준다. 몇 차례 이런 활극이 벌어지는데, 향랑은 처음 협객에게 고마움을 느끼다가 끝내는 연정을 느끼게 된다.

칠백리 길에서 연정을 발하게 된다는 의미에서 붙인 제목임을 알 수 있다. 극의 진행은 떠돌이 다람쥐(조영숙)가 이끌어가고, 여자 행랑(최정자)도 등장한다. 협객에게 마음이 쏠린 향랑이 정말 왕자비로 간택될 것인지, 관객이 궁금증을 갖고 끝까지 극 속에 빠져들게 하는 작품으로서, 관객의 인기를 끌었다. 무협극을 통해 여성국극의 관심도를 높이려는 임춘앵의 의도였다. 처음으로 중앙방송국에서 전국에 중계한 것도 흥행에 도움을 주었다.

1957년 9월에 〈춘소몽〉을 시공관에서 공연했다. 환도 후 대구에 있던 국립극장이 서울로 오면서 시공관이 시립극장이 되었다가 이 공연이 이루어질 무렵에 다시 시공관으로 명칭이 바뀌었다. 〈춘소몽〉은 이광수의 소설 〈꿈〉을 각색한 작품이었다.

『삼국유사』에 나오는 '조신의 꿈' 설화를 소설화한 작품이다. 전편(1947년 소설 출간)은 3권으로 되어 있다. 첫째 권은 꿈속에서 조신이 달례와의 사랑을 실현시키기 위하여 절에서 함께 탈출하는 내용이다. 둘째 권은 조신과 달례 사이에 2남 2녀가 탄생해 행복하게 살아간다. 평목 스님은 조신의 딸과 결혼하려 한다. 조신은 평목을 죽이게 되고, 과거 달례의 정혼자였던 모례가 사냥을 나왔다가 이 사실을 발견하게 된다. 셋째 권은 이제까지의 잘못으로 교수형을 당할 때 조신이 놀라서 꿈을 깨어, 인간세계 욕망의 무상을 깨닫는 내용이다.

작고한 고려성이 남긴 각색 유작으로서, 이유진 연출이었다. 출연자는 조신(임춘앵, 조영숙)·달례(전옥순, 최인숙)·평목(백설화)·화랑 모례(강옥철)·용선화상(노신성) 등이었다. 그 동안 대표적인 역할을 맡았던 이종 조카들(김진진, 김경수)이 모두 퇴진한 작품으로서, 임춘앵은 정신적으로 매우 복잡한 상태에서 제작한 것이었다고 할 수 있다.

조신의 파계장면에서 음악과 춤이 돋보인 공연이었다. 임춘앵은 이 장면을 통해

여성국극의 뒤안길

주인공의 내면적 고뇌를 표현하는 데 주력했다. 여성국극으로서는 매우 진지하고 의미 있는 작업이었지만 흥행면에서는 크게 성공하지 못했다.

박신출 작, 이진순 연출 〈귀향가〉를 시공관에서 공연했다. 마리국 신하 오달라는 가소하 왕자(임춘앵 역)와 함께 산속으로 피신해 살고 있다. 오달라는 전란으로 혼란한 가운데서 어린 가소하 왕자와 함께 산속으로 들어왔고, 왕자를 자기 아들로 위장하고 오초라는 이름으로 키웠다. 왕자의 부친인 전왕 가소왕은 후토왕에게 살해당했다. 이웃에는 사수랑(박옥진)이라는 처녀와 그녀의 모친이 살고 있다. 오달라와 모친은 자주 갈등하다가 반목하는 사이가 된다.

그러나 가소는 친구 아손의 소개로 사수랑을 알게 되었고, 가소와 사수랑은 사랑하는 사이로 발전한다. 어느날 후토는 사냥을 나왔다가 사수랑의 미모에 반해, 그녀를 궁성으로 끌고가버린다. 이런 사건을 만나자, 오초는 본래 왕자이고, 사수랑은 전왕 시절에 충신의 딸이었다는 사실이 밝혀진다. 가소는 이웃의 친구 아손과 함께 궁성에 들어가 후토 세력을 물리치고 사수랑을 구하고, 새 왕에 등극한다. 이 작품은 김진진 대신 새로 박옥진을 영입해 주연을 삼은 것이 주목된다.

〈견우와 직녀〉는 1956년에 서항석 원작, 차범석 연출로, 1958년에는 차범석 각색, 백운선 연출로, 두 차례 공연했다. 임춘앵 작곡 안무의 1956년 〈견우와 직녀〉는 전체가 지상편과 은하수편으로 구성되었다. 민요가수들이 부른 〈금강산〉은 이 작품의 주제가 였다.(부록 참조) 무대에는 여러 동물이 등장해 분위기를 살려주었다. 까치들이 노래를 부르며 다리를 놓는 장면은 인상적이었다. 고전적인 품격을 살린 공연으로 평가를 받았다.

1958년 7월 〈견우와 직녀〉를 시공관에서 공연했다. 대한민국 수립 10주년기념이자 재일동포위문을 겸한 공연으로 제작되었다. 임춘앵은 재일동포들에게도 널리 알려진 배우로서 초청을 받은 것이다. 임천수 음악, 한일섭 편곡이었다. 출연진은 견우(임춘앵 역), 직녀(박옥진), 견우 친구(소자, 조영숙), 사슴(남연화, 예명 남해성), 견우 아들(방울이, 박길연, 일명 박계향), 견우 딸(나리, 김화자), 사냥꾼(노신성, 백설화, 강옥철) 등이었다. 산중 짐승과

〈귀향가〉 왼쪽부터 오달라(노신성), 왕자(임춘앵), 왕자 친구(조영숙), 사수랑의 모친(이순희)

〈귀향가〉 왕자 친구(조영숙)

〈견우와 직녀〉(1958) 왼쪽부터 직녀 역(박옥진), 견우 역(조영숙)

여성국극의 뒤안길

새들은 생략되었다.

1959년 5월 〈못잊어〉를 계림극장에서
공연했다. 이 공연을 위해 가까스로 계림극
장을 구했다. 극 중에 여러 사람이 눈사람
분장을 하고 무대에 출연하는 장면이 있었
다. 철사로 사람의 골격을 만들고 그 위에
하얀 종이를 씌워 만들었는데, 각자 이 투
박한 소품을 쓰고 무대에 나갔다. 그러다가
다음 장면을 위해 서둘러 퇴장했다. 눈앞이
잘 보이지 않아, 분장한 얼굴이 걸려버렸
다. 튀어나온 철사에 그만 영사막이 5센티
정도 기역자로 찢어졌다. 스크린 값 30만
원을 물어주었다. 변두리에서조차 여성국
극은 천덕꾸러기로 취급되었다. 나는 이 작
품에서 동네 개구쟁이 역으로 출연했다.

〈먼동은 튼다〉 조카들이 떠난 뒤 두 번째 작품

이듬해 초 〈극락과 지옥〉을 시공관에서 공연했다. 한 왕자(만다류)가 실수로 두 나라의
공주(박옥진, 한성숙 역)를 죽게 해 참회를 하며 도를 닦던 중, 하늘문이 열리는 내용이다.

이상의 작품 이외에 〈산호팔찌〉(1953. 9.), 〈열화주〉, 〈먼동은 튼다〉(1960. 6.), 〈흑진
주〉 등 30여 편의 신작을 공연했다.

06

●

동지사의 이면과 관련 인물

1. 배우 의상과 분장

〈공주궁의 비밀〉에서 처음 무대를 밟을 때의 일이다. 의상은 부산에서 보내온 〈황금 돼지〉에서 사용했던 것들이라 주역과 시녀들 의상은 그럭저럭 준비가 되었다. 그러나 두 장군과 군졸들의 갑옷이 없었다. 의상과 소품 담당의 아이디어와 솜씨로 장군의 갑옷은 그런 대로 잘 제작되었다. 군졸들의 갑옷은 너무 허접스러웠다.

옷의 안감으로나 쓰일 만한 인조 1.5미터의 정중앙에 머리가 통과할 수 있게 도려내고, 머리를 넣고 걸치면 앞뒤만 가리는 망또 모양이 되었다. 한쪽 옆구리는 겨드랑이 밑을 막고 한쪽은 끈으로 묶어서 처리하게 하니 조끼 모양이 되었다. 앞판에 빈 깡통을 편편하게 펴서 명함 크기로 잘라 물고기 비늘 모양으로 촘촘하게 꿰매어 달았다. 갑옷을 입고 움직이니 상체의 움직임에 따라 찰랑찰랑 하는 소리가 흥미로웠다.

갑자기 '와~' 하며 징과 북을 치며 둥둥둥 울린다. 내가 무대에 나갈 차례였다. 그대로 나가면 될 것을 내 딴에는 전쟁터에서 급히 뛰어왔으니 숨찬 군졸의 연기를 해야겠다는 생각이었다. 무대 뒤 계단 뒤에서 빠른 걸음으로 마구 구르며 성문을 열고 계단을 내려갔다. 창대를 짚고 꿇어 앉아 장군(성금연)의 얼굴을 쳐다보니, 그는 잔뜩 화가 난 표정이었다.

무대 밖으로 나와 계단을 내려오는데 무대 진행자(이동규)가 나의 팔을 끌고 분장실로 가더니 대뜸 '정신있냐' '미쳤냐'라고 폭언을 했다. 무대 세트는 뒤에서 긴 꺽쇠 하나로 받쳐놓았는데, 배우가 덧마루를 심하게 구르면, 넘어진다는 것이다. 내가 구른 발 때문에 연극 진행 중에 성벽과 성문이 무너지는 큰 사고가 일어날 뻔했다고 했다. '연기는 그 따위로 하는 것'이 아니라 했다. 나에게 '똥배우들이나 하는 짓'이라고 했다. 졸지에 똥배우가 된 기분은 두고두고 가셔지지 않았다.

배우의 신발은 중고품 시장에 가서 미군들이 사용하고 버린 반장화를 사다가, 장화 밑에 헌 타이어를 잘라 붙였다. 한 겹만 붙여 가지고는 어림도 없었다. 몇 겹씩 붙여 두툼하게 해서 못으로 총총히 박아 신어야 했다. 그러니 그 장화가 얼마나 무거웠겠는 지 짐작이 갈 것이다. 그 천근 같은 신발을 신고 시침 뚝 떼고 걸어다니고 춤도 추었다.

때로는 붙인 타이어 조각이 도중에 무대바닥에 굴러떨어지는 사고도 일어났다. 타이어 구두 뒷굽에 못을 박아놓아, 뒷굽이 떨어지면 조명 빛에 그 못이 유독 빛났다. 그러니 관객들 눈에 더 잘 뜨일 수밖에 없었다. 배우들도 그 모습을 보고 웃고, 그 사고를 목격한 관객들도 함께 웃는 일이 벌어지기도 했다.

머리를 빡빡 깎은 스님의 분장은 축구공 속 고무 튜브로 만들었다. 껍데기는 버리고 튜브를 적당히 잘라 머리에 둘러썼다. 겨울에는 덜 하겠지만 여름에는 머리에 열이 올라 튜브를 그대로 쓸 수 없었다. 생각다 못해 고무에 구멍을 뚫어 썼다. 그래도 열이 나는데, 참고 연기를 해야 했다. 접착제가 매우 부실했던 과거에는 무대에서 연기 도중에 수염이 떨어지는 일이 잦았다. 껌을 씹어 코를 붙이는 경우도 있었다. 녹아서 잘 떨어졌다. 관객들의 웃음거리가 되기 일쑤였다. 당시 의상과 분장의 허술함 을 되돌아보게 된다.

2. 콩기름으로 지운 화장

〈공주궁의 비밀〉 개막을 앞두고 총연습을 할 때의 일이다. 초저녁에 단원들과 처음으로 배우로서 광주극장으로 들어섰을 때 객석은 비어 있으나 극장안의 부위기는 예사롭지 않았다. 무대 앞으로 가보니 무대는 휘황찬란한 조명이 붉은색 노랑색 파란색으로 켰다 껐다 하며 정신이 없고, 무대 위에서는 장치부원들이 색칠한 장치 조각들을 맞추느라 1미터는 되어 보이는 긴 무쇠 꺽쇠에 망치질을 해댄다. 처음 보는 광경에 가슴이 뛰며 흥분이 되었다.

무대 바로 밑에는 반쪽자리 드럼통 화로가 놓였다. 엄청나게 큰 노란 주전자에 무엇을 끓이고 있었다. 그 옆의 의자에 양재기와 설탕봉지, 수푼이 놓여 있었다. 주전자 안에서 구수하면서 독특한 향이 났다. 난로 가에 앉아있는 아주머니 배우들과 악사 아저씨들은 "앗다, 커피 맛 오래 간만에 맛본다"고 했다. 나는 신기해서 은근히 마셔보고 싶었다. 아주머니의 권고로 한 잔 마셔 보았다. 한약에 설탕을 탄 것 같았다. 맛은 그리 고약하지는 않았다. 생전 처음으로 커피를 맛본 것이다.

무대 뒤에 분장실로 가봤다. 의상이 잘 정돈되어 긴 줄에 걸려 있고 큰 나무 궤짝 위에 소품들도 정리되어 있었다. 분장실 가운데 평상이 크게 자리 잡고 있었다. 요즘 같은 작은 의자는 없었다. 평상 위에 어른들의 화장품 가방이 몇 개 놓여 있었다. 밤새우며 무대 위에서 실제로 작품 전편을 밟아보고, 통행금지가 해제되고 숙소로 가 잠간 눈을 붙였다. 식사 후 극장으로 다시 갔다.

화장품은 동냥으로 얻어 쓰며 각자가 분장을 했다. 공연 첫날 저자의 화장은 김진진이 해주었다. 공연을 마치고 숙소로 왔으나 화장을 지워야 할 텐데 방법이 없었다. 연구생 최정자가 먼저 아끼고 아끼던 미제 럭스 비누를 가방 안에서 꺼내 들고 마당으로 가 세수를 했다. 방문을 열고 "됐니?" 하며 얼굴을 내밀었다. 물이 떨어지는 얼굴에는 눈의 흰자만 하얗고 전체가 검은색이었다. 손바닥까지 검은색으로 기름기가 그대로 남아 번들거렸다.

여성국극의 뒤안길

어찌할까 궁리하던 머릿속에 퍼득 생각난 것이 있었다. 원산사범학교 학생시절 학생연극이 생각났다. 연출 선생님이 준비물로 콩기름과 솜을 가져오라 했다. 어머니가 겨울에 외출할 때나 입었던 솜저고리의 안에 있는 솜의 팔 하나를 잘라갔다. 연극단원들에게 인심도 써가며 솜을 콩기름에 촉촉이 담가서 화장을 지우니 깨끗이 지워졌던 일이 떠올랐던 것이다. 나는 아무 생각 없이 바로 부엌으로 갔다. 아무리 찾아도 콩기름이 없다. 참기름을 가져다 버선 속 솜에 적셔 깨끗이 지워주었다.

연구생 하나가 안방에서 임 선생님 시중을 들고 잠자러 왔다. 코를 벌름거리더니 '누가 참기름 가져다 밥 비벼 먹었냐'며 우리를 노려보았다. 아무 반응이 없자 횡하니 안방으로 갔다. 잠시 후 안방으로 집합명령이 내렸다. 선생님의 무서운 얼굴을 처음 보았다. 잘못을 인정하고 용서를 구하면 그냥 넘어 가지만, 아니면 이 밤 안으로 여기에서 쫓아내겠다는 것이다. 그런 도둑년하고는 함께 할 수 없단다. 나는 졸지에 도둑이 되어 있는 것이 억울하고 화가 났다.

나는 이북에서 배운 방법을 설명했다, 선생님은 매우 신기해했다. 북쪽에는 8.15 광복 후 예술인들의 요람이라며 국립예술극장이 생겼다. 이름있는 연극인, 무용인, 음악인 등 예술인들이 전속단원으로 활동했다. 지방에는 각 도별로 도립극장을 두었고, 도에도 역시 도립극단과 전속단원을 두었다. 고등교육기관 이상에도 연극부가 있었다. 의상과 소품 등 분장까지 선배들이 알아서 준비해 주었으며, 도립극단 단원이었던 연출 선생님이 준비물로 솜과 콩기름을 가져오라 해서 화장을 지웠었다고 설명했다.

3. 지영희 선생 은어 사건

동지사에서 아주머니들은 가끔씩 은어隱語를 사용했다. 은어는 집단내에서 자기네 들끼리만 알면서 사용하는 말을 일컫는다. 은어를 전혀 알지 못하는 나는, 임 선생님과 지영희 선생 사이에 불화를 일으키는 송구스러운 사건의 발단자가 되었다. 1954년 가을 국도극장(현 대한극장)에서 〈목동과 공주〉를 공연할 때였다. 낮 공연을 마치고 저녁 식사를 실어 나르는 손수레를 기다리고 있었다. 지영희 선생이 들어오며 느닷없이 "영숙아, 서삼챘냐?" 하고 물었다.

나는 무슨 말인지 모르니 "몰라요" 하였다. "모르면 아주머니 한테가서 물어봐라" 했다. 나는 심부름으로 알고 이층으로 가, 임 선생님에게 "지 선생님이 서삼챘느냐 물어 보래요" 라고 전했다. 순간, 선생님의 표정이 무섭게 변하며 다시 한번 말해보란다. 나는 분명 "서삼챘냐고요"라고 했다. 당장 무엇이든 집어던질 것 같은 기세로 선생님은 지 선생을 올라오라고 해서, 벼락같이 화를 냈다.

두 분 사이에 심각한 언쟁이 벌어졌다. 아무것도 모르는 순수한 제자에게 기억도 하기 싫은, '쓸데없는 말을 무엇 때문에 가르치려 하느냐' 하는 것이 화제의 내용이었다. 알고 있는 줄 알고 재미로 한 번 해봤다는 것이 지 선생의 대답이었다. 언쟁은 감정으로 변했다. 아무리 화가 나도 당신보다 손위인데, 단장이랍시고 단원이 듣고 있는 데서 나(지영희)를 망신주려고 이러느냐고 항변했다. 한참 언성을 높혀 다투더니 성이 잔뜩난 지 선생은 휑 하니 밖으로 나갔다. 부인 성금련 선생의 설득으로 저녁공연은 마쳤으나 다음날부터 지영희 선생 가족들(딸 지수복까지 3인)은 극단을 떠났다.

성금련 선생과 임춘앵 선생은 어려서부터 특별한 친구였다. 여성국극 〈옥중화〉를 시작할 때부터 국도극장의 무대까지 함께 했다. 옛배우들은 다 떠나고 성금련 한 분만 남았었다. 경상도 감포 공연 중 아기를 낳아 기르기도 했던 특별한 인연을 지녔다. 나 역시 아버지(조몽실)가 떠나신 후 혼자 단체 생활하느라 고생한다며 가끔 챙겨 주시고 좋은 말씀을 많이 해주셨다. 나 때문에 일이 벌어졌으나 죄송하다는 말도 못하고 헤어졌다.

두 내외 분을 나는 30년 후에 찾아 뵈었다. 1986년 초여름, 한국교민 위문공연으로 하와이에 들렀다. 한국연예인친목단체인 상록회(회장 김석민) 주최였다. 하와이 근교에 있는 공원묘지로 가, 잔디 위에 두 분 망자의 이름이 새겨진 동판 앞에 섰다. 큰절을 올렸다. 지난 날 그놈의 '서삼챘냐' 한 마디 때문에 두 분 아주머니의 수십년 우정을

여성국극의 뒤안길

깨뜨리고 고향을 떠나 살다가 만리 타향 땅에 묻히게 했다는 가책 때문에 공연장에 도착할 때까지 눈물이 끊이지 않았다.

문제의 서삼챘냐란 언어는 오래전 광대들만의 사회에서 자기들만이 알아들을 수 있는, 그네들이 만들어 사용했던 은어였다. '밥먹었냐'란 뜻이란 것을 한참 후에 알았다. 많은 국악인들은 임춘앵이 여자도 아닌, 남성 어른에게 지나치게 불손했다며, 〈황금돼지〉 공연으로 박녹주가 주도한 여성국악동호회를 배신했던 일까지 싸잡아, 말할수 없는 비난을 퍼부었다. 그러나 한편으로 생각하면, 아픈 역사의 유물로 남아있는 은어를 젊은 아이들에게까지 굳이 물려줄 필요가 없다는, 임 선생님의 기본 인식이 잘못된 것이라고 할 수 없는 측면도 있있음을 아울러 상기하게 된다.

4. 기존 창극과 여성국극의 갈등

1948년, 여성국악동호회의 〈옥중화〉(박녹주 등)와 창극단 국극사(정남희, 조상선)의 〈선화공주〉 공연을 마치고, 두 단체의 단원 전부와 창극계의 여러 인사들이 동대문 밖 보문사에 모였다. 근대 5명창(송만갑, 김창룡, 이동백, 유성준, 정정렬)의 추모제를 위한 모임이었다. 이 행사를 마치고 당시 박헌봉(국악원장)의 주선으로 회의가 있었다. 주제는 여성국극의 등장을 못 마땅히 여기고, 여성국극 자체를 인정하지 않는다는 것, 여성국극에 지나치게 회의적이고, 기존의 창극인들이 자기들과의 수준 차이를 꼬집는다는 것 등이 문제였다. 한마디로 여성국극을 하찮게 여긴다는 점이었다.

박 원장은 서로 간의 불협화음을 해소하고 상호간에 도와가며 창극(국극)이 앞으로 더 발전해 가도록 노력하자고 당부했다. 국악원도 도울 수 있는 데까지 도울 것이라 했다. 임춘앵에게 재주가 많고, 임춘앵 같은 젊은 사람이 더 많이 나오기를 기대해 보겠다고 했다. 여성국극을 공공연하게 옹호하는 발언이었다.

임춘앵은 박 원장의 말씀에 여성국극에 대한 의욕이 더욱 강해졌다. 박 원장이

퇴임하고 경상도 진주에 살 때, 동지사가 진주에 공연을 가면, 공연 전에 반드시 박 원장을 찾아 뵈었다. 당시엔 택시가 없었다. 꽤 먼 길을 어른 단원 두 분과 임 선생님, 그리고 나는 선생님의 손가방을 들고 뒤따라 걸으며 어른들의 주고받은 이야기를 들을 수 있었다. 근대 5명창의 추모제에서 찍은 사진을 보면, 당시 19세의 조순애 명창의 모습도 보인다. 박귀희 선생의 〈옥중화〉 출연이 없었다는 것을 확인할 수도 있다.

여성국극의 최고 절정기 1954년 경, 경남 마산에서 있었던 일이다. 김연수창극단(우리창극단)과 여성국극동지사가 중심가의 구마산 극장에서 공연 차 같은 날 도착하였다. 마산 시내에는 동지사의 홍보 포스터만 보였고, 극장 정문의 대형 간판에는 임춘앵의 분장한 얼굴이 활짝 웃고 있었다. 숙소 마산여관에서는 방문에 동지사 단원들의 명단이 붙어 있었다. 분명한 극장측의 실수였다. 극장측의 사과와 주선으로 김연수창극단은 마산 외곽에 있는 신마산극장으로 밀려가게 되었다.

상당히 먼 거리를 무거운 짐들을 손수레에 싣고 끌고가는 단원들의 뒤를 따라가던 김연수 단장이 "허어어-별조없는(별것 아닌 것) 임춘앵이 한테 우리가 시방 밀려났다 이말이여"라며 평소에 성질 나면 습관적으로 하든 버릇으로, 이빨을 부드득 갈더라고 했다. 이 말은 한때 다른 창극단에서 함께 지냈던, 동료들의 짐을 옮겨준 방태진(악사, 소품 담당)의 전언이다. 이후 동지사와 임춘앵은 이유도 모른 체 전체 창극계의 원망과 보복이란 화살의 과녁이 되었다.

여성국극을 향해 어떤 이는 창극계의 불가사리 같은 존재라 했다. 여성국극이 창극계를 '회생의 여지도 없이 무너뜨렸다'며, 항상 눈엣가시 같이 여기기도 했다. 박황은 『창극사연구』에서, 여성국극은 역사 앞에 사죄해야 할 죄인이라 기록했다.[1] 과연 그 말은 옳은가. 깊이 생각해 보아야 할 것이다.

---

1   박황, 『창극사연구』, 백록출판사, 1976, 234쪽.

6대 명창 추모제 탑골승방(1948)

1. 조상선
2. 김윤덕
3. 성순종
4. 박헌봉
5. 지영희
6. 박석기
7. 오태석
8. 이정업
9. 조순애
10. 조복란

11. 임소향
12. 성금련
13. 성추월
14. 임춘앵
15. 박녹주
16. 박귀희
17. 신숙
18. 임유앵
19. 조소옥

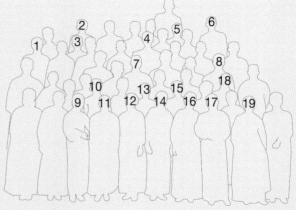

1964년에 국립창극단 단원 모집 당시 창극단 초대 단장 김연수는, 모 인사가 동지사 출신의 배우를 추천하였는데, 일언지하에 거절하였다고 했다. 그가 출간한 『창본 춘향가』[2] 책 말미에 고금 국악명인에서도 임춘앵을 비롯하여 그와 연관 있는 사람은 단 한 사람도 기록하지 않았다.

한 개인의 맺힌 한과 옹고집으로 세상이 인정하는 임춘앵에게, 예술적으로 또는 인격적으로 모욕을 가하며, 이해할 수 없는 해악을 끼쳤다. 창극단들이 무엇 때문에 여성국극단에 밀려 나가게 되었는지, 그 원인을 고민해보려 하지 않았다. 빠르게 현대화되어가는 무대 예술의 변화와 높아가는 관객의 관람 평가의 수준을 깨닫지 못하고, 구태를 탈피하려 노력은 하지 않았다. 다른 단체에서 중요한 역할로 성장한 젊은 배우들을 자기 단체로 빼내어갈 궁리만 했다.

나 역시 한참 성장과정에서 중역을 맡아 인정받기 시작한 때, 다른 단체에서 남자 주연을 시켜준다며 입단을 요청받은 적이 있다. 나는 거절했다. 이 사실을 알게 된 임춘앵 단장과 상대 단장과의 관계는 점점 나빠지기만 했다.

이런 가운데 창극단은 관객수가 형편없이 줄고, 극장들은 여성국극만 선호하며, 사람들이 외면을 하게 되었다. 이 모든 것이 여성국극 탓이라 단정하고 원망과 증오심만 키우다 결국 자멸의 늪에 빠진 것이다. 이들은 여성국극인을 불가사리에 비유했고, 별것 아닌 것들이라 폄훼했다. 그러나 창극인들은 '역사 앞에 속죄해야 한다'는 여성국극으로, 다시 자기 단체를 바꾸는 일이 벌어졌다.

창극단 국국사로부터 화랑여성국극단(대표 박도아는 국극사 단장의 처), 김연수창극단으로부터 우리여성국극단(대표 강숙자는 김연수 단장의 여인)이 생겼다. 이외에 많은 여성국극단이 생겼으나, 오래가지 못하고 여성국극의 공멸이란 회오리에 휩싸여 모두 흩어지고 말았다. 이미 60여 년이 지난 시기의 씁쓸한 과거사를 헤집어 내는 나도, 결코 유쾌한

---

2   국악예술학교 출판부, 1967.

기억은 아니다.

5. 여성국극인들 사이의 갈등

임춘앵이 김주전의 권유에 따라, 〈황금돼지〉에서 주역인 햇님왕자 역을 맡게 되자, 여성국악동호회 박녹주를 비롯한 기존 회원들은 임춘앵을 경계하기 시작했다. 박녹주와 선배들은 크게 분노하여 임춘앵을 당돌하고 요망한 후배로 단정하며, 모든 회원들이 그녀와 상종하지 말 것을 결의하였다고 한다. 더 나아가 1952년에 임춘앵이 여성국극동지사를 운영하기 시작하자, 기존 여성국극인들과의 갈등은 심해졌다. 여기에 몇 가지 후일담을 기록해 두기로 한다.

나의 체험담이다. 나는 안국동의 기울어진 이층 건물에 있던 박녹주의 학원(현 현대본사 건너편)으로 창을 공부하러 찾아간 적이 있었다. 혼자 찾아온 조상현을 박녹주는 순조롭게 받아 주었다. 나를 소개해주려고 박송희(일명, 박송이, 판소리 인간문화재)가 함께 가서, 조몽실의 딸이고, 소리와 연극도 썩 잘한다고 추켜세웠다. 그런데 박송희의 귓속말을 잠시 듣더니, 나를 힐끗 쳐다보며 "임춘앵이 한테서 연극이나 하제 소리는 배워 뭐 할라꼬? 가봐라" 하며 단호히 거절했다.

순간, 박녹주의 표정이 무섭고, 무안한 마음에 인사도 못하고 발길을 돌렸다. 나는 어머니가 전에 한 말이 생각났다. 박녹주가 아버지 조몽실을 별로 좋아하지 않았다는 것이다. 또한 박녹주와 임춘앵은 그때 돈의동 같은 곳에 살고 있었다. 내가 임춘앵 선생님 밑에서 연극을 하는 것을 알고 있으면서도, 임춘앵 선생님의 안부 말을 전하기는 커녕, 나에게도 박절하게 대했다. 이렇게 서로 끈질기게도 미워하던 시기였다.

6. 김아부의 〈황금돼지〉

동지사는 1952년 8월에 〈반달〉 공연을 끝내고, 이어서 8월 하순의 공연을 위해 〈황금돼지〉를 초고속으로 연습해 두 번째 장소 대구 키네마극장의 개관공연을 했다. 한참 무대에서 공연도중 객석 뒤의 임검석에서 호루라기 소리와 임검하러 나온 사람 (사복경찰)이 '당장 막을 내리라'고 하며, 공연을 중지시켰다. 다시 전쟁이 났는 줄 알았고, 객석도 소란스러워졌다. 원인은 〈황금돼지〉의 작가가 월북작가라는 것이었다. 책임자(단장) 나오라고 고함을 질러댔다.

임춘앵 단장이 나서며 조용한 말씨로 기왕에 입장한 손님들이고, 연극도 거의 끝나가니, 대구의 입장객을 생각하여 하던 연극을 끝마칠 수 있게 해달라고 간청했다. 임 선생님은 책임질 일은 책임지고, 하라는 대로 할 테니 선처를 바란다며, 재삼 간곡히 부탁을 하였다.

막을 내리란 이유인 즉 〈황금돼지〉의 대본 첫장에, '대본 김아부'라는 글을 보지 못하고 등사하여 사용했던 것이다. 앞서 지적한 대로, 초기에는 대본을 만들 때 미농지 사이사이에 먹지를 함께 끼워 넣고, 작가가 쓴 원고를 보며 펜으로 한자한자 꾹꾹 눌러 써서 제본을 했다. 그런데, 이 〈황금돼지〉 공연 때는, 다행히 등사판이 있어 사용했던 것이다. 한참 전쟁중이라 자칫 용공으로 몰리면 큰일이었다.

다행히도 단장의 사유서와 내일 공보부에 나오라는 것으로 일단락되었다. 〈황금돼지〉의 공연은 일단 중지하라고 해, 급히 〈반달〉을 다시 세트 교체와 연기자들의 분장을 준비했다. 결국, 〈황금돼지〉의 앞부분과 〈반달〉의 뒷부분을 하는 괴상한 연극 무대가 되고 말았다. 다른 단체였으면 당장 공연도 중지되고 남은 공연도 못하고 단체가 큰 곤욕을 치룰 일이었으나 다음날도 공연을 마치고 다음 장소로 무사히 떠났다. 과연 임춘앵이란 이름 석자의 명성을 짐작하게 하는 대목이었다.

김아부는 월북 작가였다. 반공제일주의를 채택했던 당시에는 월북 작가의 작품은 금지와 검열의 대상이었다. 동지사에 입단해 연구생으로 지낼 때, 어느날 어른들(아주머니라 불렀음)이 나를 조용히 불렀다. 신기한 이북 사투리와 이북에서 불렀던 노래를 불러 보라고 했다. 나는 사범학교에서 배웠던 '데니 보이', '보리수', 모차르트의 자장가 등을 불렀다. 아주머니 배우들의 입맛에 맞지 않는 노래들임을 금세 알아차렸다.

'잠자고 싶은' 노래는 하지 말고, 이북에서 부른 노래를 하라고 했다. 이번에는 '아세~월은 잘 간다~ 아이아이아이...'를 불렀다. 그러자 한 아주머니가 화를 내며 "야 이 가시네야! 여그 시방 누구 아픈사람 있냐? 아야 아야 찾게" 그런 노래 말고 또 다른 노래를 하라고 했다.

나는 다시 '산타루치아'를 불렀다. '창공에 빛난 별 물위에 어리어 바람은 고요히 불어오누나 내 배는 살같이'를 하려고 '내배는-' 고음으로 막 내는데, '그만!' 하고 소리를 질렀다. "너 시방 뭣하고 있냐 엉 아깝잔한 것이 노래 한자리 허랑께 뭐시여 아야아 야 니배 내배 만 찾고 말이여. 너 시방 우리 앞에서 조내고(거드름 피우다) 있냐? 니가 배웠으면 얼마나 배웠다고 위세하냐?"하며 야단을 쳤다.

사실 나는 그 아주머니의 말을 뜻을 잘 이해를 못했으며 화를 내는 아주머니만 겁먹은 얼굴로 바라보고 있었다. 옆의 한 아주머니가 하는 말이 "야야 겁먹지 말고 얼른 한 자리 해부러라. 아따 형님도 성질만 내지 말고 다시 들어보자고 하자" 하며 기다리는 눈치였다. 옆의 아주머니는 서양 노래 말고 이북 노래만 부르라 했다. 여기서 이북노래 부르면 잘못하면 잡혀 갈 텐데 걱정이 태산 같았다. 나는 절대 안된다고, 잡혀가면 어쩌냐며 울어버렸다.

"아야 여그서 누가 너를 잡어 가냐" 하며 염려 말고 하란다. 나는 억지로 눈물을 닦지도 못하고 이북의 선전노래를 가만히 불렀다. 노래 도중에 노래를 시켰던 아주머니가 눈물을 닦고 있었다. 옆의 아주머니가 "아야 저 형님 오빠가 사실은 전쟁통에 이북으로 가부럿는디 죽었는가 살았는가 모릉께 생각나서 저런 것이여."라고 말해주었다. 그러면서 정색으로 말했다. 만약에 오늘 있었단 일을 입 뻥끗 했다가는 너죽고 나죽고 떼죽음날 것이라며, 입조심 단단히 할 것을 다짐했다.

문밖에 겨우 나와 발걸음을 옮길 수가 없었다. 무섭고 떨려 마루에 주저앉아 버린

일도 있었다. 그일 후로 나와 아주머니들 간에 엄청난 비밀을 공유하게 되었고, 자연히 아주머니들과 접촉이 많아졌으며, 낮공연이 끝나고 쉬는 시간에는 아주머니들 잔심부름을 이유로 그들 옆에 있었다. 아주머니들은 지난 세월의 추억들로 이야기 꽃을 피웠다.

김아부에 관해서는 월남해서야 알게 되었다. 남쪽 사람들이 궁금하게 생각하는 북쪽의 실정과 남쪽의 북쪽에 대한 경계심을 비로소 깨닫게 된 나로서는 누구보다 분단의 아픔을 지닌 여성국극인이 되었다.

7. 〈공주궁의 비밀〉 첫연습

1951년 처음 내가 본 동지사의 정황은 매일 많은 남녀가 드나들며, 잔치집같이 분주했다. 처음보는 광경이 신기하고 놀라웠다. 마치 다른 나라에 온 것같았다. 차츰 익숙해졌다. 공연할 대본이 나왔다. 출연진과 음악 반주자도 결정이 되고, 스텝과 장치, 소품, 의상 담당까지 결정되었다. 기획은 신대우가 담당했으며 단체의 모든 운영권을 행사했다. 창단 당시의 인원과 1년 후의 인원에는 많은 차이가 있었다.

1951년 12월에 들어서자 대본 정리와 서로 읽기, 그리고 합창, 대사 연습도 다 끝나고, 막바지 동작선 연습은 금동집 안마당에서 시작했다. 눈발이 내리는 마당 한쪽 화단에 가지가 앙상한, 작은 나무에 공주가 묶여있는 장면이었다. 극중 박초월은 두툼한 뜨개실로 짠 긴 목도리를 돌려감고 장갑은 없었다. 저고리 소매끝을 바짝 잡아당겨 손끝으로 움켜잡고, 양손은 나무 가지에 올려놓고 '상감마마를 부르며' 소리를 했다. 눈송이가 입으로 내리면 그대로 눈송이를 입안으로 받아넘기며, 박자를 놓치지 않고 그대로 소리를 이어가는 모습이 경이로웠다.

양옆에는 군졸1, 2가 서 있다. 군졸1이었던 나는 내복이라곤 없으니 통치마에 저고리 차림으로 청소용 긴 대빗자루를 창대라고 잡고 서서, 춥고 떨려도 내색조차 못했다. 꼿꼿이 앞만보고 서서 버텼다. 참으로 힘든 시간이었다.

또 한가지, 역시 마당에서 동작선 연습할 때의 일이다. 작품의 고비리국의 공주와 국혼을 맺으러 온 월지국왕(임춘앵 역)이 신방으로 가려고 숙소에서 나오면 살해하려는 모의가 진행되었다. 마현장군의 신호로, 사방에서 나오는 군졸들의 손에는 무기를 들게 돼 있었다. 소품 준비가 미처 되지 않았기에 마당 청소용 대빗자루를 거꾸로 창 대신 들고 나온 군졸들, 겨울에 땔감으로 갈무리 해놓은 마루 밑 장작개비를 칼이라고 들고 나온 군졸들, 이날 연습장의 광경은 정말 가관이었다.

그때 아직 철도 들지 않은 17, 8세 어린 여자아이들이 생전 처음으로 연극을 한답시고 창칼을 들고 장정들이나 하는 군졸 행세를 하려니, 어디서부터 어떻게 해야 하는 것인지, 백지 상태였다. 이들의 동작과 표정은 그들 나름대로 잔뜩 긴장하고 눈을 부릅뜨고 이를 악물고 심각한 표정을 지어 보였다. 그 모습이 오죽했을까.

마루에서 보고 있던 아주머니 배우들이 자지러졌다. 연출자 조건은 그들을 향해 버럭 화를 내며, 웃으려면 다들 들어가라고 소리를 질렀다. 우리에게는 처음부터 잘하는 사람은 없다며, 이를 악물고 연습을 많이 하면 너희들도 충분히 잘 할 수 있다고 다독이며 용기를 주었다. 대사의 억양과 동작선과 각 가지 표정까지 손수 시범을 해보이며, 지성으로 개인들을 챙기고, 안 되면 될 때까지 가르치며 바로잡아 주었다.

여성국극의 기본부터 가르치고 무대에서는 여자가 아닌 남자라는 것을 명심하라 강조했다. 똑바로 서며, 어깨를 뒤로 제쳐 펴고, 걸음걸이는 약간 팔자걸음으로 걸으며, 상체를 약간 전후좌우로 흔들고 손은 가볍게 계란을 쥔 것 같이 오므리라고 했다. 팔은 팔꿈치를 약간 구부리고 천천히 움직이며 걸으라고 자세히 가르쳐 주었다. 힘들었던 연습도 끝나고 드디어 광주극장에서 막을 올렸다.

8. 신대우

신대우(아저씨로 약칭)는 〈공주궁의 비밀〉을 임 선생님과 함께 기획했을 뿐만 아니라 동지사의 바닥 살림을 모두 맡았던 사람이다. 선생님은 공연이 끝나면 언제나 조용히 극장을 빠져나가곤 했다. 알고보면 곁에는 항상 아저씨가 있었다. 나이가 지극한 이 분은 목포 출신으로 선생님의 첫 번째 애인이었다. 키가 큰 데다가 바싹 마르고 아주 날카롭게 생겼는데, 당시 한량 중에서 최고 멋쟁이라 들었다. 아저씨는 선생님을 끔찍 이도 아꼈다. 녹용을 구해다 직접 달여서 먹이곤 했다.

요즘 말로 하면, 그는 동지사의 사업부장격이었다. 단체와 여러 극장간의 계약, 포스터를 만들어 붙이는 일, 매표원들을 관리하는 일, 관객입장을 방해하는 깡패나 상이용사들을 달래는 일 등, 모든 복잡한 외부의 일들을 맡았다. 선생님의 오빠 임천수 는 아저씨와 사귀는 것을 반대했단다.

나는 입단한 지 3년 만에 경리를 맡았다. 마지막 공연이 끝나면, 쏟아지는 졸음을 참으며 아저씨와 그날 받은 입장료를 정리 했다. 부대에 꽉꽉 눌러 담은 돈을 방바닥에 쏟아놓고 정리했다. 그는 구겨진 돈은 다리미에 숯을 넣어 다릴 정도로 알뜰했다. 액수대로 차곡차곡 묶어 가방에 넣었다. 가죽가방 2, 3개가 찰 정도였는데, 경비를 모두 제한 금액이었다. 이동을 할 때면, 선생님과 아저씨는 경비를 위해 돈가방을 들고 다녔다.

방이 7개나 있었던 선생님의 돈의동 집 안방 다락에는 퇴침 모양으로 만든 금괴들이 쌓여 있었다. 베갯잇 같이 둘둘 감아, 얼핏 보면, 퇴침 같이 만들어 쌓아 놓은 것이다. 아저씨는 4, 5만 환은 주어야 살 수 있는 제니스 라디오를 사다놓고 방에서 혼자 들었다. 연구생들이 라디오를 듣고 싶어 안달을 해도 어림없었다.

1955년, 간암이 깊어지자 본가로 갔고, 그곳에서 사망했다는 소식을 들었다. 그 충격에 선생님은 신경쇠약이 걸려 안정제 세코날을 먹기 시작했다.

9. 아버지 조몽실

아버지 조몽실은 사돈 집안의 공창식에게 〈심청가〉를 배웠으며, 김창환(1855~1937) 문하에서 〈춘향가〉와 〈흥보가〉를 학습하고 고향에서 3년간 독공했다. 36세(1935)에 상경해 협률사에 입단했다. 43세 무렵에 조선창극단, 48세 무렵에 박후성이 주도한 국극협단에 참여했는데, 이때 막간의 소리로 〈심청가〉를 불러 명성을 얻었다.

46세에는 광주 지역 출신의 국악인들과 함께 광주성악연구회를 창설했다. 임춘앵 여성국극단(동지사)의 소리선생으로 초빙되어 판소리를 가르친 적은 있으나, 그의 소리 는 후대에 제대로 계승되지 못했다. 방안소리로는 20세기 전반을 대표하는 최고의 명창이라는 소리를 들었다.

방안 소리 명창이란, 타고난 목이 그리 좋지 않으나 시김새와 공력이 뛰어나 소리를 맛있게 하는 창자를 의미한다. 조몽실은 본래 타고난 성량이 풍부하지 못했으며, 성음 도 다소 탁했다고 한다. 그러나 목이 잘 쉬는 불리한 신체적 여건을 각고의 노력으로 극복하고, 수리성과 귀성, 애원성이 혼합된 성음을 얻어 명창의 반열에 올랐다.

이영민(1881~1962)은 『벽소시고碧笑詩稿』에서 조몽실의 소리를 '가을 하늘에 솟은 고 운 연꽃秋空唐突玉芙蓉'에 비유한 바 있다. 또한 "적벽대전에서 동남풍이 휘몰아친 뒤에 赤壁東南風正急, 조조는 수없이 엎어지며 화용도로 달아난다百顚阿瞞走華容"라는 시구를 통해, 〈적벽가〉 중 '조조 패주하는 대목'도 그의 장기였음을 알 수 있다.[3]

〈적벽가〉의 명창 김창룡(1872~1935)에게 소리를 배울 때는 임방울과 함께 해, 형제처럼 지냈고, 후일 임방울은 아버지에게 〈심청가〉 대목을 배운 사실을 회고했다고 한다. 내가 초등학교 3학년 때 조선창극단과 함께 원산에 왔던 아버지가 일본 아이들이나 입을 법한 홈스팡 반코트와 털실로 짠 스키모자를 미나까이三中井라는 백화점에서 사다 주었다.

---

3   박황, 「판소리소사」 참조. 정대하, 「세습무계의 통혼과 판소리 전승의 상관성」, 목포대학교 석사학위 논문, 2005 참조.

조몽실 명창 세계일보사 사진부 기자 정범태 기증

여성국극의 뒤안길

그리고 크고 하얀색의 백화점 봉투에서 한문으로 적힌 천자문 한 권을 꺼내 건네 주었다. 이 천자문을 다 외우면 다음에 올 때엔 예쁜 구두를 사다 준다고 하고 갔다.

그리고 전쟁중이라 교통과 통신이 모두 단절되어 소식도 모르고 지냈던 아버지를 18세 때 동지사에 입단하러 갔다가 만났다. 아버지는 동지사의 작품의 작곡과 단원들 창(소리)선생으로 있었다. 단체 내에서 부녀 간은 그저 데면데면하게 지냈던 것 같다. 난생 처음으로 아버지의 하는 일을 알게 되었다. 그 앞에서 연구생들과 함께 소리를 배웠다. 그때 딸 하나를 제대로 챙겨주지 못했던 아버지의 마음은 얼마나 착잡했을까.

나보다 먼저 들어온, 다른 연구생들은 아버지의 소리를 제법 잘 따라했다. 아버지는 나를 따로 서너 번 시켜보다가, 도무지 안 되겠다는 표정으로 화를 내었다. 나는 아버지의 말이 야속해서 밤새 이불을 둘러쓰고 울었다. 아버지의 소리가 그토록 좋은지 어떤지는, 그때 실감하지 못했던 나였다. 나는 당대 명창이던 아버지에게 소리를 배우면서도, 기초가 마련되지 않은 상태로 일천했기 때문에, 제대로 배우지 못했다.

후일 장영찬 선생에게 소리를 배울 때, 나에게 이렇게 짚어주었다. "자네 아버지가 이 대목을 참 잘 하셨고, 아무도 그렇게는 표현을 못허재."

"아버지, 양말 벗어서 이리 주세요. 빨아 드릴게요." 내가 이렇게 말하면, 눈길을 피하면서, "아니다. 하루 더 신지 뭐."했다. 늘 손님 같던 아버지. 내 생애에 몇 번 정도밖에 얼굴을 대하지 못했던 아버지. 그런 분에게도 딸을 아끼는 간절한 마음은 있었던 것 같다. 내가 동지사에 입단한 지 근 1년만에, 그러니까 1952년 여름, 전주에서 공연을 마치고 단체가 다른 곳으로 이동할 때, 아버지는 전주에 남았다. 그날 아버지와 헤어지고 공연을 준비할 때 목격한 일이다. 일제강점기에 지은 극장이었는데, 유독 분장실 안은 벽에 하얗게 페인트칠을 해 놓았다. 밝은 분위기를 위해 그렇게 한 것이었 겠지만, 배우들은 그 벽에 낙서를 남기는 버릇이 있었다. 내가 한참 분장을 하고 있을 때 새납 부는 방태진 씨가 들어왔다. "영숙아, 저기 좀 봐라" 나는 방태진 씨가 가리키는 벽을 올려다보았다. 좀 높은 곳에는 손길이 닿지 않았던지, 칠을 하지 않아서 오래된 누런 벽이 그대로 남아 있었다.

아직 지워지지 않은 낙서들을 훑어 올라가다 보니, '함경남도 원산부 남산동 102번지 조영숙咸鏡南道 元山府 南山洞 百貳番地 曺永淑'이라 쓴 글씨가 또렷이 보였다. 내가 살았던 원산 집의 주소가 분명했다. 지난날 아버지가 공연을 왔다가 써놓은 것이 분명했다. 아버지가 아니고는 그렇게 꼭대기에 다른 사람의 주소와 이름을 쓸 사람이 또 있을까. 순간 나는 눈물이 핑 돌았다. 방태진 씨가 말했다. "아따, 그 양반, 그래도 딸 생각은 엔간히 한 모양이제."

1953년 3월 말에 서울에서 〈백호와 여장부〉 공연을 마치고, 동지사는 마산으로 내려갔다. 4월에 강남극장 개관공연을 마치는 날, 임 선생님이 나를 불렀다. "영숙아, 소반에다 물 한 그릇 떠 와라." 영문을 모르는 체 그대로 했다. "머리를 풀어라, 느이 아버지가 돌아가셨단다. 절을 올려라." 임 선생님은 어머니로부터 전보를 받아서 알게 되었다고 했다. 이미 장례가 끝난 지 한참 지난 뒤였다. 아버지는 오랜 방랑생활에 지쳤고, 병고로 시달리다가 돌아가신 것을, 후일 알게 되었다. 1952년 음력 섣달 그믐날 운명했다. 양력으로 1953년 초였다. 아직 쉰한 살의 장년이었다.

아버지 1주기 때, 광주에서 걸어서 어머니와 함께 이양 외가로 갔다. 가는 도중에 어머니가 "저 연벽정에서 아버지가 임방울에게 소리를 가르쳤다"는 말씀을 들었다. 나는 그때까지 임방울 선생님이 최고의 명창인 줄만 알았다.

아버지가 세상을 떠난 뒤, 내가 부산 영도극장에서 공연할 때 임방울 씨가 분장실로 찾아왔다. 당대 최고 명창이 찾아온 것에 어른들은 기뻐서 어쩔 줄 몰랐다. "여그에 조몽실 형님의 딸이 있다던데…" 임 선생님의 부름을 받고 나가자, 그 분은 내 손을 부여잡고 눈물을 흘렸다. "참 아까운 사람이 갔다. 나랑은 형님 동생 하던 사이였는데, 아버지가 평소 니 얘기를 자주 하셨지. 돌아가실 때도 니 얘기를 했고…"

나는 하염없이 울었다. 떠나시면서, "앞으로 날 작은 아버지라 부르거라. 서울 올라 오면 한 번 찾아오고…" 그런데 임 선생님은 내가 임방울 선생님을 찾지 말도록 당부했다. 아마도 단체에서 훈련된 나를 다른 단체에 빼앗기고 싶지 않았기 때문일 것이다.

10. 장영찬 선생님

『국립극장 70년사』(2020. 4)를 보면, 1962년 3월부터 국립창극단 공연이 시작되었다. 김연수가 지도한 〈춘향전〉에 장영찬과 허휘 등이 배우로 출연해 소리를 했다. 이런 기록은 계속 나타난다. 나는 이 두 분을 평양에서 월남하기 전에 평양고전음악연구소에서 먼발치로 뵈었다. 1950년 초가을에 두 분은 평양 탈환을 위해 올라온 국군과 함께 연구소를 찾아왔다. 군예대 소속으로, 남쪽에서 온 조상선 선생을 모셔가기 위해 온 것이다.

'최승희, 안기옥 일행과 함께 조 선생 일행은 이미 북쪽으로 갔다'는 말을 듣더니, 시멘트 바닥을 딩굴며 몹시 울었다. 크게 실망하고 서운한 표정으로 발길을 돌리는 모습을 보았다. 그들의 군복에 '장영창', '허휘'란 명패를 나는 보았다.

이듬해 여름, 내가 광주 복남 언니댁에 기거하고 있을 때, 언니의 권유로 창극 〈만리장성〉을 보러갔다. 전쟁 통에 구경거리도 없던 시절이지만, 광주극장은 미어터질 지경으로 만원이었다. 무대는 몹시 화려하고 배우들의 연기, 소리 실력은 관객을 감동시켰다.

중국의 진시황이 북방 흉노족의 침입을 막기 위해 만리장성을 쌓게 되었는데, 성을 쌓으러 떠난 주인공 만명과 맹각녀의 애달픈 사랑을 절절하게 그린 연극이었다. 맹각녀를 짝사랑하는 정도령은 만명을 제거하기 위해 제관과 결탁해 음모를 꾸민다. 장성을 쌓으려면, 장정 1만 명을 십리 단위로 10명씩 나누어 제물로 삼아 땅에 묻어야 한다. 그러자면 희생이 너무 크니, '만명'이라는 이름을 가진 사내를 잡아다 돌기둥 밑에 생매장을 하면, 탈이 없을 것이다. 제관은 상관에게 이렇게 거짓으로 예언을 한다.

이런 낌새를 알게 된 만명은 맹각녀의 집으로 간신히 도주한다. 두 사람은 반갑게 만나 미래를 모색하지만, 그것도 잠시, 정도령은 만명을 추적해 다시 축성터로 끌어간다. 맹각녀가 뒤를 따라 그곳에 갔을 때는 이미 만명이 희생되었음을 확인하게 되고, 뒤를 따라 스스로 목숨을 끊는다는 이야기다. 주인공 두 배우가 서로 얼싸안고 사랑가를 부르는 장면이 정말 아름답고 멋있어서 나는 얼이 빠져 바라봐야 했다. 맹각녀가 만명이 묻힌 돌기둥을 붙들고 흐느끼는 장면에서, 뻥하는 소리와 함께, 돌기둥이 갈라지더니 그 속에서 흰옷을 입은 만명의 혼이 나타나는 것이 아닌가. 정말 놀라웠다.

〈만리장성〉은 6·25전쟁 전에 1950년 5월에 당시 서울 부민관 개관기념 작품으로 공연되었다. 정남희와 조상선이 대표였던 국극사의 주도로 제작되었고, 인기를 끌면서 공연되고 있었다. 전쟁이 나자, 대표들이 월북함으로써 중단되었던 작품이다. 정남희(가야금)는 국악 작곡가로 최고의 평가를 받았고, 조상선은 극작, 소리, 안무에 대표적인 국악인이었다. 당시, 이 작품에 출연했던 배우들이 다시 재연한 것이 광주공연이었다.

나중에 안 일이지만 그 만명역이 평양에 조상선을 찾아왔던 장영찬이라는 사실이었다. 나는 이런 〈만리장성〉의 감동을 동기로 해서, 복남 언니를 따라 그 후에 동지사에 입단했던 것이다. 이 작품이야말로 내 인생의 진로를 바꾸게 한, 영원한 등대였다.

1960년대 말, 봉익동에 사글세방 하나를 얻어, 비좁은 방에서 노모와 아이와 함께 살고 있었다. 나는 판소리를 배우고 싶었다, 그래서 인근 봉익동에 살던 장 선생님을 찾았다. 수궁가를 제외하고 판소리 네 바탕의 눈대목을 선생에게 다 배웠다. 그때 공부한 노트를 지금도 고이 간직하고 있다.

어머니는 진작 나에게 소리공부를 권했다. 동지사 입단 초기에 김소희 선생도 소리공부를 권했다. '느이 아버지 절반만 따라가도 명창 소리를 들을 것이다.' 그래 그때 임유앵의 부군이자 동지사 단원이었던 강장원 선생에게 〈수궁가〉를 배우기 시작했다. 판소리 한 마당을 배우려면 1년은 걸리는데, 공연이 계속되는 바람에 공부가 제대로 되지 않았다. 아직 녹음기가 없던 때이고, 구전에 의존해야 했으니, 공부는 자연 지지부진해졌다.

1970년대 초에 나는 진도에서 살았다. 어느날, 장영찬 선생님이 요양차 왔다는 소식을 들었다. 선생님은 몸이 쇠약해 보였다. 거의 일년 동안 〈춘향가〉〈심청가〉〈적벽가〉의 눈대목들을 선생님에게 다시 배우고 복습도 했다. 〈흥보가〉 완판을 배웠다. 힘들어도 멋을 잃지 않는 분이었다. 당뇨가 심하다는 데도 도무지 음식조절을 하지 않았다. 진도 요양도 소용없이 선생님은 다시 서울로 가서 50이라는 나이에 세상을 떠났다. 선생님의 서거 소식을 듣고 문상을 갔다. 혜화동에 있는 교회 밑 작은 집에서 마지막을 보내셨다. 좁은 방 앞, 마루에 장례상이 놓여 있고, 영정이 놓여있었다. 외로운 국악인의 최후를 보았다. 나로서는 잊을 수 없이 고마운 분이다.

11. 안기옥 큰아버지

안기옥(1894~1974)은 전라남도 나주군 남평면 대교리에서 태어났다. 나의 아버지도 어린 시절에 남평에서 살았다. 나의 할아버지(조종엽)가 외할아버지(안영길)의 여동생(할머니)과 결혼함으로써, 아버지는 안기옥과 외가(나에게는 진외가)로 형제가 된 것이다. 우리는 안기옥을 큰 아버지라 불렀다.

안기옥은 1910년 김달진의 지도로 가야금곡 〈다스름〉과 〈심방곡〉 및 가야금병창을 배웠다. 1911년 김창조에게 진양조·중모리·중중모리·자진모리를 배우고, 모든 악기를 연마했다. 1915년 박기남에게 거문고곡의 〈풍류〉 〈회상〉 〈별곡〉을 익혔고, 백낙준에게서 거문고산조를 배웠다.

1916년부터 남원협률사를 중심으로 연주활동을 벌리다가 고향 나주군의 남평에 내려가 정남희를 포함한 후진을 양성했다. 1919년 3·1운동에 참가한 죄로 6개월의 옥살이를 했다. 1925년 상경해 무대생활을 다시 시작했고, 1926년 일본인을 위한 연주를 거절했다고 구류 당하기도 했다. 1930년대 초부터 박동실과 함께 광주·함흥·청진을 비롯해 여러 도시를 다니며 후진양성에 힘을 쏟았으며, 공기남·임소향·김소희 등의 명창을 길러냈다. 1930년 이동백 등과 함께 조선음악연구회를 조직했다. 1936년 함흥에서 권번을 꾸렸다.

1939년 하창춘이 창단한 동일창극단 〈일목장군〉에 오태석·임방울·정광수 등과 함께 출연했다. 1940년부터는 한양창극단을 만들어 춘향전 등 고전작품을 각 지방에서 순회 공연했다. 국내공연뿐 아니라, 일본 규슈·오사카를 비롯해 재일조선인을 위한 순회공연을 전개했다. 1943년 9월 제일극장에서 이운방의 창작 창극 〈남강의 풍운〉에 출연했다. 1944년 최승희무용단의 음악단장으로 활동하였다.

1945년 창극단을 조직해 운영하다가 미군정청에 의해 해산됐다. 1946년 6월 월북한 후 1947년 평양 조선고전악연구소의 소장을 맡아 춘향전(1947), 흥보전(1948)을 공연했으며, 1951년 3월 결성된 조선음악가동맹의 상무위원 겸 고전음악 분과위원장을 맡았다. 가야금산조에 엇모리를 넣어 가야금산조를 시대감 나게 발전시켰다는 평가를 받았다. 안기옥의 제자로 가장 출중한 제자는 정남희였다.[4]

12. 최옥산 아저씨(아재)

최옥산(호적명 최옥삼, 1905~1956)은 전라남도 장흥군 장흥읍 출신으로 소작농의 셋째아들 막내로 태어났다. 판소리 공부를 시작했지만 목이 나빠서 기악으로 방향을 바꾸어 13세(1918)에 정운룡에게 가야금산조를 배우기 시작했다. 이듬해 김창조의 맥을 계승한 한성기에게 가야금산조를 배웠다. 모든 소리와 악기에 통달했다. 한성기, 안기옥, 한수동, 김죽파 등과 교류하며 음악활동을 했다. 판소리를 하는 아내(박성심)와 결혼했고, 부인도 부군과 함께 활동했다.

20세(1925)부터 목포음악사양성소 교사, 1930년부터 함동정월, 김녹주(후일 판소리꾼) 등을 가르쳤다. 1938년부터 원산의 권번, 1942년부터 함흥음악양성소에서 사범으로 활동했다. 광복 후 평양국립극장 무용단에서 연주, 창작, 후진 양성 등 다양한 활동을

---

4   송방송, 『한겨레음악대사전』, 보고사, 2012 참조; 김해숙, 「안기옥 가야금산조의 연구」, 『월북 국악인 연구』, 국립국악원, 2013, 99~151쪽.

러시아 화가가 스케치 한 최옥산
정병호 교수 소장

했다. 1952년부터는 평양음악대학 민족음악학부 교원으로 활동했다.

북한에서는 가야금보다 대금 및 단소 연주자로 유명했고, 최승희무용단의 무용반주자로 기여했다. 창작곡으로는 무용음악 반야월성, 조선의 어머니, 사도성 이야기, 밝은 하늘 아래, 가야금곡으로 안땅산조, 진양조, 중모리, 휘모리, 살풀이, 이별곡, 초민곡, 이밖에도 단소곡, 피리곡 등이 있다.[5]

나의 기억으로는 최옥산 아저씨(아제라 불렀다)는 무용반주를 위해 대금이나 단소에 열중한 것으로 생각한다. 아제는 아버지와 아주 절친하게 지냈다. 아제와 양금을 하는 해숙 언니는 원산에서부터 잘 알고 지내는 사이였고, 두 사람이 평양으로 가서 각각

5   이진원, 「최옥삼 단소산조 연구」, 『월북 국악인 연구』, 국립국악원, 2013, 307~327쪽; 이진원·최옥
     산, 『국악누리』, 2018, 11~12쪽, 42~43쪽.

집을 얻어 살며, 최승희무용연구소에 출퇴근했다. 아제는 월북했지만 북한의 체제에 대해 어떻게 생각하고 있었는지는 나는 알 수 없다. 전쟁의 혼란 가운데, 석암에서 우리는 평양으로 왔고, 아제와는 이별하고 말았다.

13. 조상선

조상선(본명은 조상기, 예명은 조상선, 1909~1983)은 전라북도 남원읍 금리 출생이다. 8세 (1917)에 전북 순창에서 활동한 김두영에게 판소리를 배우기 시작했다. 조선성악연구회 에서 정정렬에게 사사했다. 창극 양식의 정립에 지대한 관심을 가졌던 점으로 미루어 그는 정정렬의 수제자라 할 만하다. 명창이라 할 정도로 소리를 잘했다.

1936년 조선성악연구회 창극좌 〈심청전〉에서 용왕 역으로, 1940년 창극좌 〈옥루 몽〉에 출연했다. 이때 조상선은 주인공 양창곡(정남희 역)의 아버지인 양현 역을 맡았고, 동시에 기악부의 장고 반주를 맡았다. 〈배비장전〉에도 출연했다. 같은 해 만주건국 10주년기념행사로 개척촌위문공연이 있었는데, 그는 독창과 창극을 공연했다.

1943년 동일창극단의 〈춘향전〉 연출, 〈춘향전〉과 〈김유신전〉(1945)의 작곡과 음악 지도를 맡았다. 동일창극단 시절 임소향은 조상선과 동거자였고, 성우향은 그들의 수양딸이었다고, 성우향은 증언했다. 동일창극단에서 조순애, 장영찬, 박송희는 조상 선에게 소리를 배웠다.[6]

광복 이후, 광주성악연구회, 국극사에 참여했다. 1945년 12월 서울에서 박동실과 함께 조선고전음악연구회를 조직하고, 창극 〈건설하는 사람들〉을 창작 공연했다. 국악 원에서 조상선, 박동실, 정남희는 각각 국극부장, 창악부장, 기악부장을 맡았다. 뒤를

---

6 노재명, 「월북 국악인 음반」, 『월북국악인 연구』, 국립국악원, 2013, 380 · 384 · 413쪽.

이어 국극사의 대표가 되었다, 1946년 1월 국극사 창립기념으로 〈대춘향전〉을 공연했다. 명동 시공관에서 박진 연출이었다. 배역으로는 춘향(신숙)·이도령(정남희, 임방울)·향단(임수)·방자(오태석)·사또(조상선)·월매(임소향, 임유앵) 등이었다.

조선창극단이 공연한 〈논개〉(1948. 7)에 국극사는 찬조출연했는데, 조상선이 출연했다. 그런데 이보다 앞서 조선고전음악연구회는 무용극 〈논개〉를 공연했다. 조상선의 연출, 박동실 작곡, 안기옥 관현악 지휘였다. 이 공연이 후일 창극 〈논개〉로 재창작된 것으로 볼 수 있다. 1950년 5월 국립극장 개관기념 공연으로 〈만리장성〉을 공연했다. 전쟁나기 직전이었다. 배역으로는 맹각녀(신숙)·만명(장영찬)·맹진사(정남희)·부인(성추월)·하인(조상선)·장백(백점봉) 등이었다. 이 작품에서 조상선은 편곡과 안무를 담당했다.

여성국악동호회의 〈옥중화〉가 실패하고, 〈햇님과 달님〉이 공연될 때, 조상선은 작창을 맡았다. 같은 시기에 조상선은 조선창극단의 〈논개〉와 국극사의 〈신라의 달〉에서 작창자로 활약했다. 뒤를 이어 여성국극동지사의 〈황금돼지〉에서 조상선은 작창을 맡았다. 여성국악동호회에서 만든 〈햇님과 달님〉의 후편에서도 조상선은 작창을 맡았다. 그가 월북하기 전 마지막 남한에서의 활약이었다.[7]

1950년 가을에 내가 평양 고전음악연구소에 갔을 때, 조상선을 보았다. 대청마루에 앉아있던 사람 중 키가 크고 얼굴이 유난히 긴 모습이었다. 그 사람이 조상선이었다. 그가 1958년 북한에서 〈선화공주〉를 재공연했다는 이야기를 들은 적이 있다. 창극에 대한 그의 지극한 관심을 엿보게 한다.

---

7   송방송, 『한겨레음악대사전』, 보고사, 2012 참조.

14. 이유진 선생님

나는 1946년에 원산효성여중 학생이 되었다. 가톨릭 성당 경내에 학교가 있었다. 아직 국어책이 없었다. 한글이라고는 보통학교 1학년에서 잠깐 배우고 2학년부터는 줄곧 일본어를 '국어'라고 배웠다. 선생님의 지도로 국어책과 한문책을 학생들이 직접 만들어 공부했다. 1948년 7월에 효성여중은 제2여중으로 이름이 바뀐 상태에서 제1회 졸업식을 했다. 가을학기(북한의 교육제도)에 원산사범전문학교에 입학했다. 본래 원산 루시여자고등학교가 사용하던 건물을 사용했다. 루시여고는 신풍리의 제1여고 자리로 바뀌었다.

학교에서는 사상선전 수단으로 연극을 장려했다. 1년에 한 번씩 교내연극제를 했다. 학교마다 도립극장 배우들이 파견되어 연극을 지도하고, 지역예선을 거쳐 평양에서 전국 경연대회를 하는 방식이었다. 사범학교에는 시내에 있던 함경남도 도립극단 소속 배우 이유진 선생님이 왔다. 학생들과 함께 〈나란히 선 두 집〉이라는 작품을 했고, 나는 우순이라는 부인 역을 맡았다. 땅 문제를 놓고 두 집이 싸우다가 결국 마음이 착한 우순네가 이긴다는 내용이었다. 이 선생님은 전쟁 전에 월남해, 동지사의 여성국 극 전부를 연출하다시피 한 바로 그 연출가이다. 나는 학교에서 주는 인기상을 받았는 데, 장차 내가 직업배우가 될 줄은 예상하지 못했다. 학생시절, 김명환 선생님에게는 포크 댄스, 김구성 선생님에게는 각종 스포츠 등을 배웠는데, 모든 분야에서 내가 잘한다는 말을 들었다. 〈나란히 선 두 집〉을 공연할 때, 내 남편 역은 함광조가 맡았다. 이것이 계기가 되어 그와 나는 처음 연애를 했다. 연애라고 해봐야, 단짝 기숙사 룸메이트 김순희, 광조, 그리고 나, 이렇게 셋이서 중국 빵집에서 두 번 만난 것이 다였다. 다만 서로 감정 교환뿐이었다.

1950년 여름, 졸업식이 끝나자마자 광조는 학도병으로 끌려갔다. 헤어지던 날, 그는 친구들과 함께 제1여고 철조망이 쳐진 운동장 안에 줄을 서서 있었다. 떠나기 전에 그는 내가 기다리는 철조망 가까이 다가왔다. '기다려 줄 수 있느냐' 물었고, 나는

여성국극의 뒤안길

〈바우와 진주목걸이〉(1954) 시공관에서 끝나고. 왼쪽 양복차림이 연출가 이유진이다.

1. 이유진
2. 지수복
3. 홍순장
4. 성태환
5. 이길영
6. 조영숙
7. 조한중
8. 이순희
9. 지영희
10. 방태진
11. 김일남
12. 성금련
13. 박의숙
14. 김경애
15. 임춘앵
16. 노신성
17. 김진진

18. 정애란
19. 김점동
20. 김수만
21. 서낭자
22. 한성숙
23. 김익수
24. 오정숙
25. 임이철
26. 김행연
27. 장란희
28. 하남수
29. 김순재
30. 김경수
31. 이남순
32. 이애순
33. 강옥철

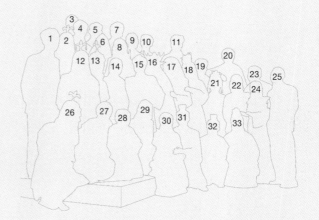

철조망 밖에서 '기다리겠다'고 약속했다. 군대에 간 뒤 나에게 카드를 보냈다. 하얀학 한 마리가 소나무 위에 앉아있는 그림이었다. 나는 카드 속의 달그림을 동그랗게 오려, 그 속에 내 사진을 넣어 그에게 답신을 보냈다. 그것이 마지막이었다.

내가 동지사 배우로 군산에서 공연하고 있을 때였다. 사범학교 동기생이자 응원단장 출신인 채희석이 어느 날 분장실로 찾아왔다. 그는 학도병으로 갔다가 포로로 붙잡혀 거제도에 수용되었고, 반공포로석방으로 자유의 몸이 되었다고 했다. 이승만 대통령의 반공포로 석방은 휴전협정이 맺어지기 한 달 전, 1953년 6월에 단행되었다. 그는 지금 미군부대에서 트럼펫을 불고 있다고 했다. 함광조의 소식이 궁금했다. '광조는 통천에서 고성으로 기차를 타고 이동하던 중 미군의 함포사격을 맞았다. 싸워보지도 못한 채 기차 속에서 친구들과 함께 죽었다.' 희석과 마주 앉아 광조를 생각하며 둘이 눈물께나 흘렸다. 그후 다시 만나진 못했다.

환도한 뒤에 〈바우와 진주목걸이〉를 공연했다. 나는 이 작품에서 이유진 선생님과 재회했다. 선생님은 동지사 대부분 작품을 연출했다. 또한 햇님국극단의 〈정〉(1958. 6), 우리국악단의 〈정과정〉(1958. 12)과 〈유충렬전〉(1960. 2) 등을 연출했다. 극작가로도 활동한 선생님은 대중극에 대한 해박한 지식을 지녔고, 연기 지도를 친절하게 잘해주는 연출가였다. 연기 지도는 매우 섬세하고, 특히 심리적인 내면연기에 집중하도록 했다. 키가 크고 베토벤 머리를 한 외모였다. 김경애(무용가)와 결혼해 살았다. 사범학교 시절의 연극 지도로부터 동지사에 이르기까지 선생님은 나에게 큰 영향을 끼치신 분이다.

15. 임춘앵 선생님의 일상생활과 최후

임 선생님은 1952년 〈공주궁의 비밀〉부터 1961년 〈흑진주〉까지 10년 동안 30편이 넘는 작품을 제작했다. 재공연은 헤아릴 수 없을 정도로 많이 했다. 연중 평균 2편 이상의 창작 신작을 제작하는 것은 모든 면에서 무척 어려운 일일 뿐만 아니라, 여성국극으로서 그 수준이나 완성도 면에서도 당시 최고라는 평가를 받았다. 70여 년이 지난 지금도 여성국극하면, 임 선생님이 주도한 동지사의 작품들이 우선 거론되는 것은 이런 까닭일 것이다.

임 선생님은 여성국극의 배우로서, 특히 남성 역의 대표적인 배우로서 한 시대를 주도했다. 한국연극사에서는 다시 찾아보기 어려운 스타 시스템의 표상이었다고 할 수 있다. 뿐만 아니라 작창가로서, 안무가로서, 나아가서는 제작자로서, 극단운영자로서, 단체관리자로서, 연극교육가로서 그 누구도 따를 수 없는 뛰어난 능력을 발휘했다. 오죽 했으면 가짜 임춘앵까지 등장했을까. 그만큼 선망의 대상이었다.

그런데 여성으로서 선생님의 일상생활과 마지막의 모습은 어떠했을까. 우선 부부생활을 살펴보기로 한다. 앞서 소개한 대로, 박녹주는 광복 후 여성국악동호회 결성과정을 술회한 「나의 이력서」,[8]에서, 임춘앵과 부군(신대우 아저씨)를 지적했다. "이도령 역의 임춘앵도 부군이 못 나가게 한다고 해서 내가 직접 임춘앵의 부군을 만나 설득을 했다"고 한 것이다. 그러니까 정확하게 언제인지 알 수 없지만, 선생님과 신대우가 본부인 모르게 연애하고, 동거를 시작한 것은 상당한 시간이 흘렀음을 짐작할 수 있다.

1950년 말에 호남지방에서 인민군이 후퇴하자 선생님은 신대우의 본가가 있는 광주로 갔다. 부산에서 동거하다 함께 간 것으로 보인다. 김주전에게 동지사 명칭을 물려받고, 광주에서 새 동지사를 창단한 배경에는 신대우의 작용이 적지 않았던 것이다. 그리고 신대우는 선생님의 뒤에서 동지사를 번영시키고 발전시키는 데 기여했다. 선생님의 외향적인 기질로 본다면 신대우에게 대등하게 했을 것 같은데, 실제는 끔찍이 위하고 건강을 돌보았다. 주변을 놀라게 할 정도로 신대우에게 순종하고 고분고분했다.

그렇게 오랜 세월 사랑하고 단체와 함께 한 신대우는 1955년에 간암으로 먼저 세상을 떠났다. 신대우가 사망할 때 선생님의 나이 31세였다. 한참 나이였다. 1955년 9월

---

8   『한국일보』, 1974. 2. 12.

임춘앵의 폐백(1957) 돈의동 집에서
왼쪽부터 조영숙, 임임신(김진진 모친), 임선생의 절친 하남수, 신부(임춘앵),
임선생의 절친 김봉선(이정업의 부인)과 뜰 아래 박귀련(의상 담당)

〈낙화유정〉이 끝나고 3개월 동안이나 신경쇠약증으로 치료를 받았다. 신대우의 사망 시점은 정확하게 알 수 없으나 바로 2,3개월 입원과 관련이 있는 것으로 여겨진다. 상대를 잃은 충격이 매우 컸음을 짐작할 수 있다. 삶에 대한 피로감이 노골적으로 드러나기 시작했다.

선생님이 마약을 한다는 소문이 돌았다. 믿기 어려운 이야기였다. 신경안정제 세코날이 마약으로 대체된 것으로 여겨진다. 선생님은 술 마시는 날이 잦았다. 또 선생님은 서양춤을 배우러 다녔다. 춤에 재능이 있는 분이어서 그런지 서양춤도 잘한다는 소문이 들렸다. 예닐곱 연하인 김응조가 춤 선생인데, 날이 갈수록 선생님은 이 남자에게 빠져들었다.

김응조는 유부남이라 오빠 임천수는 그와의 관계를 강력 반대했고, 단원들도 동조하지 않았다. 그런데도 두 사람은 1957년 7월 9일 운현궁에서 갑자기 결혼식을 올렸다. 김응조는 부인과 이혼하고 연상의 선생님과 재혼한 것이다. 아직 33세의 나이니 결혼식도 하고 싶고, 신대우와 달리 젊은 남편과 정신적으로 의지할 대상도 필요했을 것이다. 그러나 상대가 유부남이자 이혼남인 김응조와 결혼은 숱한 사람들이 일종의 '만용'으로 생각할 수밖에 없었다. 사리 분별없이 함부로 날뛰는 짓이라는 것이다.

김응조는 선생님이 마약을 끊기를 요구했던 것으로 나는 알고 있다. 공연이 끝나고 저녁에 여관으로 돌아오면, 두 분은 큰 소리로 다투는 소리도 들렸다. 얌전한 아저씨는 과격한 선생님을 다루기에 역부족이었다. "당신이 뭔데 나한테 이래라 저래라 하는 거야!" 이 말에 김응조는 큰 충격을 받았음이 틀림없다.

그 누구도 임 선생님의 '대왕병' '왕자병'을 고칠 수 없었다. 자기가 최고라는 자존심과 자기가 모든 결정권을 쥐고 있다는 권위의식이 몸에 벤 분이었다. 김응조는 결혼생활을 포기하고 떠났다. 그 다음에 온 남자(명동에서 활동한 분)도 마찬가지로 얼마 견디지 못하고 가버렸다. 나는 돈의동 집에 계실 때 인사를 간 적이 있었다. 이즈음 선생님은 네 번째 남자를 만나 고래등 같던 집이며 재산을 몽땅 날리고 빈털터리로 지내고 있었다.

〈흑진주〉 임춘앵 단체의 신문광고

　1968년 어느 날, 선생님은 내가 살고 있는 운니동 집을 불쑥 찾아왔다. "영숙아, 나 맥주 두 병만 사주라." 반가운 목소리를 듣고 나가서 모습을 뵈니, 몰골이 몹시 초췌한 모습으로 서 있었다. 이미 술을 마셔 얼굴이 붉었다. "들어오세요. 곧 사다 드릴게요." 그러자 퉁명스럽게 말했다. "돈으로 주라. 내가 사서 먹을란다." 그때 내 어머니나 나나, 돈을 주면 마약을 살까봐 연신 집안으로 들어가자고 달랬다. 선생님은 막무가내였다.

　결국 돈을 드렸고, 그길로 돌아서 가셨다. 이것이 내가 본 선생님의 마지막 모습이었다. 1973년 3월에 어머니가 돌아가셨고, 몇 달 뒤, 라디오 뉴스를 듣다가 깜짝 놀랐다. 임춘앵 선생님이 뇌출혈로 사망했다는 소식이었다. 6월 무렵이었다. 겨우 50의 나이였다. 나는 며칠 동안 밤잠을 이루지 못하며 울었다.

16. 어머니를 기리며

아버지는 1916년에 어머니와 혼례를 치렀다. 첫날밤부터 어머니를 소박 맞히고 집을 나가 판소리에 심취해 소리 공부를 했다. 어머니는 청상과부처럼 혼자 살았다. 17년이 지난, 1933년에 아버지는 친구들의 이른바 '합방 작전'에 말려들어 어머니의 몸에 나의 생명을 남겨주었다. 1934년 봄, 혼례를 올린 지 18년만에 내가 세상에 태어 났다. 아버지는 평생 가정을 지키지 않았고 방랑했으니, 어머니에게 내가 얼마나 소중 한 존재였는지는 형용할 길이 없다. 말 그대로 외동딸이다.

돌이켜보면, 어머니는 나를 낳아 기르고 돌아가시는 날까지 한결같이 딸을 위해 당신의 노력과 생명을 다 바쳤으나 딸인 나는 어머니의 뜻을 거역했을 뿐만 아니라 마지막까지 잘 모시지 못했고, 불행하게 사는 모습만을 보였을 뿐이다. 한 마디로 나는 불효여식이었다. 남편과의 사이는 불행의 연속이었지만 어린 외손자(현 제품디자이 너) 하나를 안겨드린 것이 그나마 어머니에게 작은 위로가 되었다.

어머니가 온갖 궂은일을 다 하며 나를 원산사범학교에 진학시켜 교사로 근무하기를 바란 것은, 아버지와 같은 예능 방면에 대한 염증과 세상에 대한 순수한 봉사 생활의 가치를 존중한 까닭이라 생각한다. 무엇보다 여자로서 인격을 존중 받고, 독립적인 삶을 추구하라는 무언의 소망을, 나에게 실현시키고자 한 것이다. 나 역시 6 · 25전쟁 이 나기 전까지는 어머니의 소망처럼 그대로 이루어질 것이라 기대했다.

내가 동지사에 입단하고 내 모습이 집에서 보이지 않자, 어머니는 이종사촌 언니로 부터 임춘앵 단체 이야기를 듣고, 동지사를 찾아왔다. 난 이제 죽었다 싶어 얼굴도 들지 못하고 숨었다. "이 몹쓸 년 같으니! 내가 너를 말 시바이 시키려고 뼛속에서 오도독 소리가 나도록 가르친 줄 아느냐? 하며 큰소리를 쳤다." 말 시바이(일본어 : 연극) 는 '말이 하는 연극'이고, 곧 곡마단, 곡예단을 가리키는 것이다. 연극과 극단을 폄훼한 것이다.

임 선생님이 나서서 단체에서 하고자 하는 연극의 취지를 설명했다. "세상에, 자식이

부여 부소산 관람 왼쪽부터 임춘앵, 어머님, 조영숙

여성국극의 뒤안길

이런 데 찾아와 광대가 되겠다고 허면, 애비가 되어 가지고 내쫓아 버려야지, 그러기는 커녕 주저앉히다니, 애비로서 어찌 그럴 수 있소?" 아버지는 돌아앉아서 헛기침만 하고 있었다. 사촌 언니는 어느새 도망가 버리고 없었다. "영숙이, 이 년을 내 오늘 죽여버리고 말 텡께." 어머니는 씨근거리며 그 집 마루 밑에 쌓아둔 장작개비를 하나 쑥 뽑아드는 것이 아닌가.

어머니의 불 같은 성미를 잘 알고 있는 나는 오늘 걸렸다간 죽겠다 싶어 얼른 달아나 뒷결의 헛간에 숨었다. 어머니는 나를 찾아다녔다. 임 선생님도 소리를 질렀다. "너까짓 게 뭐라고 단체에 들어와 이렇게 시끄러우냐. 빨리 나와라. 어머니 모시고 빨리 나가라. 너 같은 것은 필요없다." 나는 끝까지 나가지 않았다. 겁도 나고, 나가면, 다시는 연극도 할 수 없겠다 싶어 꼭꼭 숨어 있었다. 어머니는 화가 안 풀린 상태로 몇 시간이나 그러고 계셨고, 악사 방태진 씨와 지영희 선생은 어머니에게 '세상이 변했고, 연극이 애를 버리는 것이 아니니, 안심하고 집으로 가시라'는 설득을 했다. 그제야 대문을 나섰다.

며칠 뒤, 어머니가 다시 찾아왔다. 모녀 사이를 끊겠다고, 의절하러 온 것이다. 내가 집에서 사용하던 물건들을 몽땅 갖다주셨다. 그 후로 3년 동안 나를 보지 않으셨다.

나를 포기한 뒤에 어머니가 겪은 고난은 후일 들어서 알고 있지만, 그보다 더했을 정신적 고통과 고뇌는 자식이라 해도, 오랜 세월이 지난 지금도, 감히 짐작할 수조차 없다. 죄송스럽고 안타깝고 괴로울 뿐이다.

동지사가 부산극장에서 〈반달〉을 공연할 때, 나는 도중에 맹장이 터져 입원했다. 입원실에 누워있을 때, 어머니가 불쑥 찾아왔다. 나는 놀라서 어떻게 알고 여기까지 찾아오셨느냐고 물었다. 꿈 이야기를 털어놓았다. 내가 노란옷을 입고 낭떠러지에서 칼춤을 추고 있더라는 것, 아버지가 나타나서 애가 죽게 생겼는데, 이러고 있느냐고 어머니의 뺨을 때리더라는 것이다. 임춘앵 단체가 있는 곳을 물어, 광주에서 여수로, 여수에서 배를 타고 부산으로, 부두에서 공연장소인 초량까지 찾아왔다고 했다.

나는 어머니의 극진한 간호를 받으며 완쾌되었다. 선생님은 병원으로 찾아와 많이 답답할 것이라며 당신이 차고 있던 최고급 백금시계를 풀어주고 공연하러 갔다. 어머니는 고향으로 가셨다. 단체가 광주에서 공연할 때는 손수레에 단원들이 먹을 떡을 하나 가득 해 오셨다. 선생님은 어머니가 대단한 분이라며 극진히 대했다. 시간이 나면 어머니를 명승지에 모시고 가고, 용돈도 드렸다. 집으로 갈 때는 차표도 구해 드렸다.

어머니의 뜻을 배신하고 나는 여성국극으로 청춘을 다 보냈다. 후회는 않지만 아쉬움은 아직 많이 남았다. 우리 여성국극의 한 모서리에는 이렇게 어머니와 나의 쓰라린 삶이 베어있음을 새삼 되뇌이게 한다. 늦게 얻은 외동딸이 학교 선생이 되는 것을 평생 원으로 삼고 고생만 하시다가 가신 어머니. 생전에 앞니 하나 빠진 모습으로 웃음 짓던 내 어머니, 그곳에서 소원 이룬 딸 소식에 만족스레 웃고 있을지도 모르는, 주름진 어머니의 얼굴이 내 눈에는 보인다. 아무리 생각해도, 어머니는 영원히 위대하시고, 딸은 불효녀임을 벗어날 수 없다. 어머님, 못난 딸을 용서해 주세요. 너무 그립습니다.

17. 동지사의 내리막 길

익산의 이리극장에서 공연할 때였다. 낮 공연 준비 중에, 선생님은 한참 하던 분장을 멈추었다. 그리고는 어린 김경수에게, 자신의 대역을 하라고 했다. 그 후 선생님은 요양을 떠났다. 이런 일은 이리에서만 벌어진 것이 아니었다. 이렇게 계속되는 공연으로, 동지사는 극장 측의 전 같지 않은, 모욕적인 푸대접을 받았다.

단체와 극장 측 수입금의 배당이 거꾸로 갔다. 인기 좋을 때는 8 : 2였다. 점차 7 : 3으로, 다시 6 : 4에서 5 : 5로 낮춰졌다. 악사들의 거리 선전(마쯔마와리)과 관객 호객(이리꼬미) 비용을 단체에 전가시키고, 무대장치에서 무대 부대물 사용에도 비협조적이며, 단체에게 비용을 부담하도록 했다. 이들의 불만도 여간한 것이 아니었다. 어떤

여성국극의 뒤안길

장성군 부인회 초청(1956) 중앙에 임춘앵, 왼쪽 박옥진, 오른쪽 조영숙

극장에서는 약속된 공연을 취소하는 일도 생겼다. 단체의 모든 문제를 자신이 풀어야 했던 임춘앵 단장은 결론을 내렸다.

서울, 부산, 대구를 제외한 중소도시의 극장과 포스터에서, 다른 인물이 출연해도 임 단장의 병세가 호전 될 때까지 문제 삼지 않는 조건으로 각 극장과 계약을 마쳤다. 그리고 신병 요양차 계룡산 갑사로 떠났다. 그 전에 김경수는 지병이 있어 서울로 갔다. 후일담이지만, 김경수는 영화제작자 김태수의 아내가 되었고, 미국으로 이주해 살고 있다고 들었다.

당시, 우리 또래의 청춘배우 오인방(김경수, 오정숙, 조영숙, 최정자, 한정숙)은 어떤 역할이던 전부 마스터해서 언제라도 바로 투입할 수 있게 항상 훈련되어 있었다. 나는 단체의 경리를 맡아 하고, 김진진과 남녀 주연으로 임 단장의 자리를 메꿔가고 있어, 단장 없는 단체는 그런대로 이변 없이 순항 중에 있었다.

경남 삼천포에서 고약한 일이 생겼다. 단장의 조카 김진진은 어머니에게 생활비를 보내야 한다며, 나에게 큰 액수를 요구했다. 내가 임의로 지출할 수 없는 액수였다. 내가 지출할 수 있는 범위는 수입금 가운데서 이미 약속된 금액을 지출하는 것이었다. 계산서와 지불 영수증과 함께 잔액을 가지고 사업부가 갑사로 갔다. 단장에게 모든 결과를 보고했다. 단원들의 보수 역시 단장의 지시에 따라 지급했다.

마지막 날 공연 준비 중 김진진은 "오늘부터 '서동'이(선화공주의 남주연)는 강옥철이 니가 해!"라고 했다. 옥철이는 명창 '강장원' 선생의 딸로서 김진진과는 이종사촌이다. 내가 서동 역을 할 때 친구 철쇠역을 맡아 하던 친구였다. 나는 "도대체 왜 옥철이가 서동이를 해요?" 하며 따지고 들었다. 이러한 갈등은 그녀편과 내편 사이에 집단 싸움으로 번졌고, 나에게 심한 폭력을 가했다. 김진진은 나를 죽이고 싶을 만큼 미웠을가. 너무 무섭고 잔인한 모습이었다. 이날 어른들의 재촉으로 심하게 다친 몸으로 서동이 역을 언기했다. 이때 폭행으로 나는 건성늑막염이란 병치료를 장기간 받아야 했다. 거슬러 올라가면, 동지사 초기부터 내가 참기름으로 화장을 지운 사건, 대본이 나오면 단원들 앞에서 내가 책을 읽은 일, 내가 경리담당을 맡았던 일 등, 선생님은 조카와

여성국극의 뒤안길

나를 놓고, 언제나 나를 칭찬하고, 편애하는 듯한 태도를 보였다. 이런 일로 그녀는 나를 질투하고 미워했던 셈이다. 이모가 없는 사이에 그녀가 나에게 거액을 요청한 것은 '불가능'을 알면서도 일부러 곤경에 빠뜨리고, 혼을 내주려 한 짓임이 분명했다.

동지사 신작 〈연정칠백리〉(1957. 3)와 〈춘소몽〉(1957. 9)이 공연되던 사이에 동지사는 위기를 맞았고, 이 위기는 동지사를 점차 전락의 길로 떨어지게 했다. 위기는 임춘앵 자신의 문제와 그녀와 조카 사이의 문제에서 빚어졌다. 선생님은 연하의 남자와 결혼을 하고 싶었다. 그런데 그 남자에게는 아내가 있었다. 남자가 먼저 이혼을 해야 다음에 두 사람은 결혼식을 올릴 수 있다. 주위의 거센 반대에도 결국 두 사람은 1957년 7월에 재혼했다. 이모부가 될 사람의 나이가 조카의 나이와 불과 두세 살 차이밖에 안 되었다.

두 사람의 결혼 문제는 조카 김진진의 결혼과 연계되었다. 결혼 준비를 위해 김진진은 돈이 필요했는데, 같은 시기에, 선생님은 자기 문제에만 골몰한 나머지 조카의 일에는 무심하고, 또한 귀찮게 대했다. 김진진의 입장에서는 창단 시기부터 주역으로서 젊음을 다 바쳐 성심껏 일을 해왔는데, 자기 결혼에 이모가 인색한 것을 몹시 서운하고 억울하게 생각했다. 출연료를 정당하게 계산하더라도 이모의 '사고방식과 태도'는 용납할 수 없었다. 사건은 초가을의 〈춘소몽〉 공연을 마치고 터졌다.

〈콩쥐팥쥐〉의 막을 부산극장에서 올리려고 전날밤 무대 총연습을 마치고, 단원들은 연습에 지친 몸으로 좌천동의 방자네집 숙소에서 깊은 잠에 들었던 새벽이었다. 잠결에 밖에서 두런두런하는 말소리와 바쁜 걸음소리가 들렸다. 문밖은 아직 어두운데 무슨 일인가 싶어 밖으로 나가보니, 남녀 단원이 모두 나와 어두운 표정으로 서성이고 있었다. '무슨 일이냐' 물으니, 선생님의 조카 자매(김진진, 김경수)가 '잠적'을 했다고 한다. 온몸이 오싹하니 한기를 느꼈다. 겨우 그들의 방을 드러라 보니 잠잔 흔적도 없이 깨끗했다. 당장 오늘부터 부산극장에서 막을 올릴 신작 공연이 걱정이었다.

임 선생님은 기지를 발휘하여 식전부터 여자 주연(김진진의 대역으로 전옥순)의 대체 연기자와 고속 연습으로 "내가 이끄는 대로 따라 하면 된다"는 말을 거듭하고 상대를 안심시키며 무사히 공연을 마쳤다. 그 시절에는 무조건 무대에 임춘앵만 나오면 만사 형통이었으니 극장 측이나 관객들도 아무 불만 없이 며칠 간의 공연을 마칠 수 있었다. 그렇게 생각지도 못한 여러 아픔을 안고 서울로 올라간 선생님은 서울 운현궁 예식장에서 성대한 결혼식을 올렸다.

조카들은 끝내 동지사에 나타나지 않았고, 이듬해에 '진경여성국극단'을 창단했다. 선생님은 다시 술을 과하게 마시며 신랑과 다툼도 잦았다. 내가 선생님의 곁을 떠나게 된 동기도 선생님의 술 때문이었다. 돈의동 집에서 나는 입단 동기 최정자와 다투었다. 외출에서 돌아온 선생님이 싸운 동기를 묻는데, 친구로서 최정자의 나에게 대한 엄청난 '배신'을 밝힐 수가 없었다. 정자는 나와 사귀던 남자를 가로채려는 짓을 저질렀다. 묵묵부답으로 앉아 있는 나에게 전에는 안하던 짓(대답 안하는 짓)을 한다며, 옆의 놓인 물사발을 나에게 던졌다.

내 이마에 사발이 정통으로 맞았다. 옆의 어른이 무슨 짓이냐며 찢어진 이마에서 피가 나는 것을 보고 '병원에 데려 가야 할 것 같다'는 말에, 선생님은 병원은 무슨 병원하며, 안방으로 건너갔다. 결국 병원에서 여섯 바늘을 꿰매는 치료를 받았다. 입단 후 처음으로 맞은 것도 서럽고 이마가 찢어져 피가 나는데도 '병원은 무슨 병원'이라는 말이 너무 서운했다. 후에 술을 많이 마신 탓이라고, '왜 대답을 빨리 하지 않고 고집을 부렸냐'며, 나를 다독였다. 선생님에게는 미워할 수 없는 마력이 있는 것 같았다. 임 선생님의 사과로 시골로 내려간 어머니가 '서울에서 살겠노라'고 나에게 다시 오셨다. 익선동 문간방에서 어머니와 함께 살게 되었다.

햇님국극단에서 나에게 출연 교섭이 왔다. 선생님의 양해를 받고, 육개월 정도 남자 주연으로 활동했다. 그후 다시 선생님이 보낸 남연화(남해성) 명창을 따라 동지사로 돌아왔다. 김진진이 떠난 후, '햇님'의 여주연이었던 조애랑이 남편 정철호, 동생 조삼덕과 함께 동지사로 왔다. 그들과 함께 공언한 신작은 〈백년초〉가 유일했다. 이들이 떠난 이후에 삼성여성국극의 세 별(박옥진, 박보아, 조양금) 중 하나였으며, 주연의 여왕으로 정평이 나 있던 박옥진이 옮겨왔다. 임 선생님은 피난시절 잠시 박옥진과 〈선화공

여성국극의 뒤안길

동지사 불국사 견학 뒷줄 왼쪽에서 다섯 번째가 조영숙과 박옥진

주)에서 남. 여 주연으로 공연한 바 있었다.

　박옥진은 나와 동갑이며 김진진은 한 살 위였다. 옥진과 진진은 친구로 지냈다. 박옥진의 합류로 동지사는 다시 최정예의 연기진을 갖추게 되었다. 선생님은 창립당시의 동지사를 꿈꾸며 새 공연작품으로 서항석 작, 차범석 연출, 임춘앵 작곡 안무의 〈견우와 직녀〉를 택했다. 출연진은 견우(임춘앵 역), 직녀(박옥진), 견우 친구(소자, 조영숙), 사슴(남연화, 예명 남해성), 견우 아들(방울이, 박길연, 일명 박계향), 견우 딸(나리, 김화자), 사냥꾼(노신성, 백설화, 강옥철), 산중 짐승들 다수, 옥황상제(이순희), 수선녀(정순임, 판소리 인간문화재), 선관들, 까치들이 다수였다. 무대장치(홍종인), 의상(노라노), 조명(항운수)였다.

　명동 시공관에서 막을 올렸다. 국극사상 초유의 고품격 최우수 대작으로 극찬을 받았다. 공연을 마치고 지방공연의 일정을 잡으려 하였으나 외국 영화의 컬러화와 시네마스코프의 와일드스크린의 역풍을 만났다. 지방의 대형극장에서는 와일드스크린을 무대 위에 붙박이로 고정장치를 해 놓은 상태라 여성국극공연 며칠을 위해 대형 스크린을 해체하는 큰 공사를 진행할 수 없다는 것이었다.

　어쩔 수 없이 중형극장에서 크게 제작됐던 대형무대를 줄이고 출연 인원도 줄이는 난제를 겪으며 공연을 시작하였으나 연기자들이 애써 완벽하게 연극을 이끌어가도 극장의 전기 용량의 한계로 특수조명 효과를 전혀 감당하지 못하는 상태가 되었다. 시공관에서 공연할 때 일본에서 큰 미러볼을 구해와 천상막에서 사용했다. 지방에서는 이것을 사용할 수 없어서 제작비 회수가 어렵게 되었다. 몇 개월의 지방공연 동안 선생님은 복잡한 시대적 난관을 극복하지 못했으며, 조카들의 여성국극단 '진경'의 약진 소식과 어쩌다 마주치게 되면 괴로움을 삭이려고 힘들어했다.

　그러다가 술과 신경안정제를 다시 가까이하기 시작했다. 선생님은 다시 계룡산 갑사로 가시고 단장 없는 동지사는 박옥진(1934~2004)과 내가 주축이 되어 모든 단원이 서로 의지하며 선생님이 돌아오기를 기다렸다. 그러나 1년이 훨씬 지나도록 내려오지 않으니 단원들은 하나 둘 떠났다. 1959년 단체는 잠시 쉬도록 한다는 결정을 하고 선생님은 돈의동 자택으로 가셨다. 이때가 사실상 동지사의 해체였다.

바로 박옥진과 나는 송죽여성국극단으로 갔다. 악역 전문인 연기자 문미나가 동지사에서 진경여성국극단으로 갔던 전씨(다로)와 결혼하면서, '송죽'이란 여성국극단을 만들게 되어, 그곳으로 합류하게 된 것이다. 1년 정도 활동할 때, 우리국악단의 강숙자 단장의 권유로 입단해 박옥진, 조금앵, 박미숙과 함께 5년 가까이 활동했다. 그리고 여성국극과 결별했다. 그후로 1년에 한 번씩 특별공연을 계획하는 사람들의 무대에 오르기도 했다.

1960년대 초 선생님의 1호 제자들은 동지사를 떠나 각기 다른 단체에서 주연급으로 활약하고 있었다. 우리여성국극단 출신의 박미숙은, 여자주연에서 남자주연으로 바뀌며 퇴단한 조금앵, 여주연 역의 조애랑, 햇님에서 남자 악한 역으로 활약하던 이소자, 남자주연으로 활동하던 김정희 등과 함께 마지막 남은 선생님의 돈의동 집을 처분했다. 이 자금으로 셰익스피어 원작 '오셀로'를 각색하여 〈흑진주〉를 시공관과 전주에서 막을 올렸으나 다시 일어날 수 없는 실패로 끝났다.

조카(김진진)는 이모를 위해 장위동에 무용학원을 개원했다. 선생님은 그곳에서 무용을 가르치며 지내다가 1973년 아깝게도 50세에 영욕의 여성국극 동지사와 함께 다시 돌아올 수 없는 먼 길을 떠났다. 경기도 금곡리 공원묘지에 안장되었다.

07

•

1960년대 이후의 여성국극계

1. 1960년대 여성국극의 침체

1960년대는 우리 역사의 커다란 변혁기였다. 1960년에 4·19혁명이 일어났고, 1961년에 5·16군사정변이 있었으며, 1963년에 제5대 대통령으로 박정희가 취임했다. 1965년에는 일본과의 국교가 정상화되었다.

1962년 국립극장에 국립창극단(국립국극단으로 시작했다가 개칭)이 창설되고, 국내 영화계가 활성화되면서 여성국극은 쇠잔의 길로 들어섰다. 지도자들은 여성국극을 지킬 수 있는 지도력을 잃었고, 스타들이 대거 영화에 발탁되면서 극단을 떠났으며, 레퍼토리를 정립시키지 못한 여성국극이 시대를 초월하는 예술성을 지속시키지 못함으로써, 모처럼 성사시킨 대중극의 무대를 다시 볼 수 없게 되었다. 이 무렵, 여성국극단들은 어떻게 하든지 살아보려고 안간힘을 다했다. 그러나 이미 기울어지기 시작한 사태는 되돌릴 수 없었다.

여성국극은 극장을 빌리지 못해 변두리로 밀려났다. 계림극장, 봉래극장, 광무극장, 화양극장, 경남극장 등이었다. 국극은 하루에 많이 공연해봤자 3, 4번인데, 영화는

154 　　　　　　　　　　　　　　　　　　　　여성국극의 뒤안길

7, 8번 돌릴 수 있으니, 경쟁이 될 수 없었다. 큰 극장에서는 연극 도중에 스크린을 상하게 한다고, 공연 자체를 하려고 하지 않았다. 값비싼 스크린이 연극의 소도구나 배우의 의상에 걸려 찢어지는 경우가 잦았기 때문이다.

당시 발표된 자료에 의하면, 1959년 8월 기준으로 여성국극단에는 여러 단체가 활동했다. 여성국극동지사(임춘앵)와 햇님국극단(강한룡)이 선두 주자였다. 뒤를 이어 우리국극단(김연수가 단장일 때는 혼성창극을 했고, 강숙자가 대표를 맡으면서 여성국극단이 되었다), 새한국극단(김행자, 김경애, 연출가 이원경의 부인), 진경국극단(김진진과 김경수), 낭자국극단 (이강화, 이일파, 이군자의 부친), 동명여성국극단(이정순), 송죽여성국극단(문미나), 아랑여성 국극단(이정화), 신신여성국극단(동화춘), 새봄여성국극단(김원술, 조금앵의 부군), 여성국극 단화랑(박홍도, 명창 박후성의 부인) 등을 들 수 있다.

1964년 이후 여성국극에서 활동했던 명창, 명인 들이 대거 국가무형문화재로 지정되 었다. 그러나 여성국극 자체가 국가무형문화재로 지정되지는 못했다. 이것은 귀중한 문화자산을 잃게 된 결정적인 원인이 되었다. 그동안 여성국극이 이룩한 음악극의 독창적인 창법, 연기, 공연방식 등이 사라진 것은 우리 문화의 커다란 손실이었다.

한일국교가 정상화되고, 일본 관광객들이 입국하면서 이른바 '요정문화'라는 새로운 방식이 등장했다. 서울 시내에도 공인된 관광요정이 여러 곳 등장했다. 이런 변화를 계기로 국악인들 및 여성국극인들은 소규모의 그룹으로 관광객을 위한 국악공연을 시작 했다. 여성국극의 쇠퇴로 설 곳이 없었던 연기자들이 새 일자리를 찾고자 한 것이다.

나 역시 국악팀 참가 제의를 받았다. 서울에 건물을 신축하고, 관광요정을 시작한 곳이다. 운영자는 대구시내에서 유명식당을 운영하며 여성국극을 몹시 좋아하는 사장 이었다. 이런 사례는 당시 이곳저곳에서 일어났다. 우리 그룹의 인원은 악사, 무용, 연극 등 11명이었고, 보수는 사무실에서 교통비 명목으로 월 1인당 2만 원을 받았으며, 개인의 수입은 서비스요금(팁)으로 해결했다.

업소의 규모가 대단했다. 건물 앞 골목에는 관광버스가 길게 큰 건물을 에워싸듯 줄지어 서있었고, 길 양쪽에 고급 승용차도 즐비했다. 매일 적어도 500명 이상이 북적

댔다. 관광객 파티 공연이 끝나면, 내국인들 앞에서 여러 프로그램을 선보였다. 어떤 이는 큰 극장무대에 서야 할 사람들을 여기에서 만나는 것이 안타깝다고 했다. 물론 위로의 말이니 고마운 말이지만, 나에게 그 순간은 가슴 쓰린 쓴 약을 마신 것 같기도 했다.

한편, 유명한 사회 인사들이 요정에 와서 우리 공연을 즐겨주는 분들이 적지 않았다. 그들은 권위적이지 않으며 인간미 넘치는 모습으로 격의 없이 분위기에 어울렸고, 공연자인 우리를 흐뭇하게 했다. 그런 분들이야말로 우리 전통문화를 진정으로 사랑하는, 변함없는 관객이었다.

2. 여성국악동인회의 신민요운동

1960년 초엽에 여성국악인들이 뜻을 모아 여성국악동인회를 만들었다. 이소희(회장, 이매방의 누이), 성창순(부회장), 남해성, 오정숙, 한농선, 조봉란, 박옥진, 성희경, 박명옥, 조영숙(총무) 등이 모였다. 여성국극에 관여했던 사람들이 주축이었다. 무심하게 방치된 국악을 살려보자는 취지에서 먼저 부르기 쉬운 신민요를 만들어 보급해보기로 했다.

이 시기에 박귀희님은 "가야금병창"에 신민요를 도입하며 주목을 받았다 가수 김세레나 의 〈새타령〉과 〈꽃타령〉의 발표는 박귀희님의 신민요 영향을 받은 것으로 이해하고 있다. 한편 김소희 명창은 제자들과 전래민요 〈보렴〉, 〈화초사거리〉, 〈새타령〉 원곡 〈육자배기〉 완판 〈성주풀이〉, 〈남한산성〉, 〈꽃타령〉, 〈까투리타령〉 등을 불렀다. 신민요 바람이 일자 〈용혜야〉, 〈상주 양잠가〉, 〈사철가〉, 〈달맞이 가세〉, 〈널뛰자〉 등 많은 곡을 발굴하여 불렀으며, 신민요 〈들국화〉를 작곡 하여 발표 했다. 한일섭은 동지사의 극중 명곡을 입춘앵 선생님과 작곡을 하였으며, 많은 신민요를 작곡 발표하며 1960년대 신민요 활성 시대를 빛냈다. 그분들이 작곡하신 명곡들을 기억해 보기로 하겠다.

- **들국화 (김소희 작곡)**

산들바람 부는 가을 하늘 높고 물 맑은데 고요한 산기슭에

들국화가 피었구나 연분홍 보라빛은 두메산골 처자인양

여기저기 저기여기 우뚝우뚝 (이하생략)

- **야월삼경 (박귀희 가야금병창)**

야월삼경 달 밝은밤 온다온다 말만하고

밤은 장차 다 새는데 임의소식은 돈절하네

에루화 성화로구나…… 음. 임 없는 이 한밤이 큰성화로다 (이하생략)

- **꽃이 피었네 (박귀희 가야금병창)**

꽃이 피었네 꽃이 피었네. 건너마을 김선달네 큰애기 얼굴

홍도화 피었네 사주단자 받았다고 문밖 출입 안한다네

니 나노 난실 니 나노 난실 어화 내 사랑아 (이하생략)

- **내고향의 봄 (박귀희 가야금병창)**

뒷동산 살구나 꽃은 가지가지가 봄 빛이요

꽃피고 뻐꾹새 우니 보리밭 머리에 풍년일세

(후렴) 얼널널 널널 상사뒤요 얼널널 상사뒤야 음음…

　　　　얼널 널널널 상사뒤요

* 박자는 전부 가볍게 빠른 굿거리장단이나 중중모리 장단이다.

● 신농부가 (한일섭 작곡)

(중모리) 에헤야 두야 어이야 두야 에헤야 두야 좋고 좋네

동해바다 햇빛은 밝은데 이 강산에 무궁화가 만발했네

아름다운 우리나라 오곡이 풍년일세 너도나도

다같이 즐겨보세 살기 좋은 내 고장일세.

(동살풀이) 에헤야 데헤야 어절시구 우리네 고장 좋고 좋네. 살기도 좋네. 음음…

금수강산 삼천리에 밭가는 농부들 콧노래도 흥겨워서 음음음…

얼시구 좋구나. 지화자 좋네. 산천초목도 흥겨워서 음음음…

모두함께 두둥실 둥실 노래 부르며 즐겨 보세 노래를 부르며 즐겨보세.

● 풍년가 (한일섭 작곡)

(흥청거리는 굿거리) 풍년이 왔네. 풍년이 왔네 삼천리라 이 강산에

어화라 풍년이 왔네.

(자짓모리) 왔네― 왔어 풍년이 왔어 금수강산 이땅위에

풍년이 왔네 풍년 풍년 풍년 풍년일세

올해도 풍년 내년에도 풍년 풍년 풍년 풍년 풍년일세

어야라차 어야라차 어야라 차차 어야라차 어이야라아 어야라 어야라 차차 어야라차

일을 하세 일을 하세 다같이 우리모두 일을 하세

밭을 갈고 논들 매고 씨를 뿌려 가꾸어서

잘 살아보네 잘살세 잘살세 잘살세 잘살아보세―

● 동백꽃 타령 (조영숙 작사, 한일섭 작곡)

(중모리) (후렴) 가세 가세 동백꽃을 따러 가세

저 멀리 바닷가엔 아낙네들이 조개를 줍고

우리 고장 뭍에서는 큰애기들이 동백을 따네

(후렴) 가세 가세 동백꽃을 따러 가세

오롱조롱 동백을 따다 기름 짜서 호롱(불) 밝혀놓고

큰애기 시집갈 혼수 만드세 살기 좋은 내고장 일세

(후렴) 가세 가세 동백꽃을 따러 가세

십오야 둥근달이 온천하를 비치울 때

우리 꽃잎은 수줍다고 얼굴을 돌리네 고개를 숙이네

(후렴) 가세 가세 동백꽃을 따러 가세

하얀 동백 따다가는 부모님 방에 꽂아 놓고

빨간 동백을 따다가는 우리님 방에 꽂아줌세

(후렴) 가세 가세 동백꽃을 따러 가세

(중중모리) 후렴 좋네 즐겁네 동백꽃이 보기가 좋네

동백 따러만 가세 선남선녀 옛적에는 우리 마을 노니든 곳

우리들도 즐거이 동백을 따다 놀아보세 춤을 추며 놀아보세

(후렴) 좋네 즐겁네 동백꽃이 보기가 좋네

동백 따러만 가세 동백 따는 큰애기야(큰애기야)

동백만 따지 말고 이 총각 마음도 살짝 따다가

오순도순 사랑을 맺세

(후렴) 좋네 즐겁네 동백꽃이 보기가 좋네 동백 따러만 가세

(양산도가락 : 삼박자) 후렴 가세 가세 가세 어서 가세 동백을 따러가

동백따는 큰아가야 동백만 따지 말고 이 총각 마음도 살짝궁 따거라

(후렴) 가세 가세 가세 어서가세 동백을 따러가

오순도순 주고받고 사랑을 맺세 에헤야 좋고 좋네 동백꽃이 좋네

(후렴) 가세 가세 가세 어서가세 동백을 따러가세.

● 메아리 (한일섭 작곡)

우렁찬 메아리 메아리 메아리 메아리 메아리 온누리에 퍼진다. 에야라 상사디야

경치좋은 이 강산 우리 풍토를 가꾸어서 기름진 우리땅을 팔을 걷고 일구세

(후렴) 메아리 메아리 메아리 메아리 온누리에 퍼진다. 에야라 상사디야

힘을 써서 일하세 재건의 이 터전에 내고장 좋구나 에헤라 상사뒤야

(후렴) 메아리 메아리 메아리 메아리 온누리에 퍼진다 에야라 상사디야

우리 마을 내 뜻을 하나로 뭉쳐서 굳건히 다져진다 에야라 상사뒤야

(후렴) 메아리 메아리 메아리 메아리 온누리에 퍼진다 에야라 상사디야

서산에 해는지고 농군들이 흘린 땀을 씻으며 돌아온다 에야라 상사뒤야

(후렴) 메아리 메아리 메아리 메아리 온누리에 퍼진다 에야라 상사디야.

대금 연주의 명인 서용석은 창극단과 여성국극단에서 반주를 많이 했다. 그가 전주로 이주하며 대금연주의 후계자들을 양성하며 신민요를 작곡 발표했다. 그의 노래가 크게 호응을 받으며 호남의 많은 소리꾼들이 불러 전국으로 퍼졌다. 그가 작곡한 노래는 신뱃노래, 남도 한강수타령, 꽃피는 동산 등이다.

우리 남도민요는 1860년대 경복궁 중건을 전후하여 서민적인 잡가 또는 민요라는 새로운 노래가 나왔다. 판소리 이외의 최초의 남도소리는 보렴과 화초사거리, 원조 새타령 등이었다. 모든 사람들이 즐겨 부르는 노래가 민요라면, 먼저 가사를 쉽게 읽을 수 있고, 따라 부르기 쉬운 곡조라야 할 터인데, 특히 보렴은 웬만한 남성창자들도 가사 외우기도 힘들고 노래 초반은 완전히 한문으로서, 그 내용이 왕족과 관리들의 안녕을 비는 기원문 형태이다. 중반부터는 불교 독송경 중 도량찬과 참회계와 사방계 등을 토씨 하나 빼지 않고 옮겨 놓았다. 거기에 끝맺음은 나무아미타불로 끝난다. 일반적인 대중성은 전혀 없다. 그러므로 보렴은 민요라 할 수 없고, 화초사거리나 원본 새타령의 초앞 역시 별반 다르지 않다.

1940년대 초부터 육자배기, 성주풀이, 남한산성, 꽃타령, 까투리타령 등을 자주 불렀

여성국극의 뒤안길

다. 1930~40년대의 민요는 판소리 춘향전 중에서 농부가, 심청전 중에서는 뱃노래, 방아타령, 새타령의 뒷부분 등을 발췌하여 불렀다. 여러 지방의 토속민요, 전래민요(진도아리랑, 강강술래, 달맞이가세, 단오놀이) 등과 함께, 칠십 년이 가까운 세월 동안 여성국극동지사의 창극 중에 명곡들을 타령 또는 '~노래'라 이름 붙이며 많은 소리꾼들이 지금도 즐겨 부르고 있다.

1965년부터 국가무형문화재 판소리 인간문화재들이 지정되기 시작했다. 이런 제도의 변화로 여성국악동인회 활동은 미약해졌다. 전통음악의 창극 작곡과 민요는 현대 감각에 지나치지 않으며, 젊은 재원들이 가사와 음률의 근간은 흔들지 말고, 모든 사람이 즐겨 듣고 두고두고 함께 따라 부를 수 있는, 우리 노래를 만들어 주었으면 하는 마음 간절하다.

3. 여성국극을 둘러싼 갈등

한일국교 정상화 이후 일본에 공연하러 갔다. 나로서는 세 번째였다. 1955년에 임춘앵 선생님을 따라 갔고, 다음에는 아사히신문 초청으로 박귀희 선생이 주선했다. 관광요정을 경영하는 풍림각 여주인이 비용을 지원해주었다. 임 선생님의 조카 김경수가 사무를 주관하고, 동지사 맴버들이 다시 모였다. 나를 비롯해, 박옥진, 백설화, 이향금, 황수옥, 고은주(우리국극단 출신) 등이 참가했다.

우리는 시모노세키에서부터 아키타까지 순회했다. 실로 먼 거리였다. 시간이 넉넉해 현지에 도착하면 두루두루 주변을 돌아볼 수 있었다. 교포단체나 민단이 제공하는 다다미방에서 지내며, 때로는 음식을 직접 마련해 먹고, 경비를 최대로 절약했다. 보수는 적었지만 오랜 만에 여성국극을 하는 보람을 느꼈다. 〈심청전〉은 교포들에게 이해가 빨랐다. 그러나 〈왕자호동〉은 역사적인 배경 때문에 다소 혼돈되는 모습을 드러냈다.

1987년, 과거 동지사 단원들이 국립극장에서 임춘앵추모공연을 올린 것은 앞에서 기록했다. 얼마 후 임춘앵 선생 추모공연에서 작은 단역으로 우리와 처음 만났던 홍성덕이란 사람이 뜻밖으로 여성국극 〈성자 이차돈〉(1987)을 제작하였다. 김진진 형제 주변의 배우들은 제외되고 남자주연으로 박미숙을 세웠다. 이외에 박옥진과 나도 출연하였다. 이 작품 역시 단발성으로 끝났다.

소식이 없던 홍성덕이 공인(법인)단체를 등록하고, 국고와 후원자들의 기부로 다시 공연을 지속하였다. 우리 여성국극과 오랜 시간을 함께 한 사이도 아닌데 제작비(운영비) 때문에 목메여 다니는 모습이 고맙고, 짠하니 안쓰럽기까지 했다. 내가 할 수 있는 대로 도와주고 싶었다. 나는 낮에는 단원들과 작품 연습을 하고, 저녁이면 후원 받은 원단으로 의상을 만들며 피곤한 줄 모르고 재봉틀 앞에서 날을 세운 밤이 부지기수다. 그것뿐이랴. 예전에 공연했던 대본과 내가 직접 각색했던 토막극 대본도 서슴없이 내주었다. 창 지도는 당연지사였다.

몇 해 동안은 새로운 작품을 발표하며 순조롭게 나가는가 싶었다. 해가 갈수록 경제적 형편은 나아지지 않았다. 중견 배우들은 감정 대립으로 하나 둘 이탈하고, 나에게는 금전적 손해를 입히는 충격적인 일도 있었다. 급기야는 이사장 자리를 다른 사람에게 양도하는 일이 벌어졌다.

당시 남산 미군 아파트 뒤에서 남산예술원을 운영하던 박영애 원장은 여성국극에 관심을 갖고 있었다. 그녀는 여성단체의 단장과 친분을 맺었다. 1996년 박영애 원장의 각별한 주선으로 한국문화예술단이 결성되었다. 그리고 미국 중남부 8개 도시와 워싱턴에서 진행되는 세계지도자대회에서 공연을 하고 돌아오는 여정을 마련했다. 박영애 원장 부부도 동행했다.

이들은 현지 교민들과 교분이 두터워 보였다. LA를 시점으로 시카고로 해서 텍사스주의 달라스, 휴스턴, 킬링, 오스틴, 센 안토니오, 뉴 올리언스, 워싱턴 등의 공연 여행을 떠났다. 자국민들도 쉽게 할 수 없는 미국 대륙 동서횡단의 험한 길을 떠났다.

LA에서 공연 다음날 버스(그레이 하운드)로 떠나 이틀 뒤에 시카고에 도착했다. 버스기사만 바꿔가며 달렸다. 잠은 앉은 채 자고 식사는 매끼마다 공원 매점에서 햄버거로 해결하고 위생처리는 버스 안에 마련된 공간에서 했다. 공연 사이에 시간 내어 휴스턴의 우주센터에 가보고, 뉴 올리언스에서는 우리 물레방아 같이 큰 바퀴가 달린 증기배를 타고 미시시피 강위에서 음료수도 마셔봤다.

공연 프로그램은 춘향전의 재미난 장면만 골랐다. 무대에 서면 교민들의 뜨거운 박수 소리에 절로 신명이 났고, 관객들과 함께 웃고 울고 모두가 즐겼다. 워싱턴에서는 주미공사가 '이 좋은 구경을 교민들도 즐겨야 한다'며 귀국 날짜를 하루 미루는 일도 생겼다. 다음날 호텔에서 귀국 출발을 기다리는데, 박원장 부군과 단장이 큰소리로 다툼이 있었다. 현장을 지나는 사람들의 경멸하는 듯한 눈초리도 괴로웠고, 하필 국내 텔레비전에서 자주 보던 유명 연예인들이, 언짢은 얼굴로 힐끗 보며 지나가다가 나와 눈이 마주쳤다. 순간 큰 죄라도 지은 양 나는 얼굴을 돌렸다.

그후 1998년경, 신촌의 소극장에서 공연 중 좁은 분장실에 단원들을 모아 놓고, 나무망치를 세 번 치더니 단체의 새 이사장으로 박영애 원장이 되었다고 했다. 사진도 함께 찍고 박원장이 신임 인사도 하고… 전 이사장(홍성덕)은 사전에 '너무 힘들어 못하겠다'는 언질을 했었다. 나는 힘들어도 그대로 이사장을 하는 것이 좋겠다고 했다. 그러나 별다른 절차와 진행으로, 마치 자신의 사유물을 자기 뜻대로 주고 받듯이, 이사장이 바뀌었다. 새 이사장의 등장으로 단체의 규모와 분위기가 달라졌다.

박영애의 첫 작업은 떠났던 원로들의 복귀와 여성국극 역사상 최초로 상설무대를 갖게 한 것이다. 1999년 3월 6일부터 11월 20일까지 토요상설무대로 〈춘향연가〉를 국립극장 달오름 무대에서 장장 9개월 동안 공연했다.

전례에 없는 거액의 국고금 지원으로 신인 발굴을 위한 오디션도 했으며, 일본 다까라즈까학교 간부들도 초청하여 양국 여성들의 연극에 관한 세미나도 열었다. 노소 배우들이 맹연습을 거쳐 올린 춘향연가는 훌륭한 무대라는 호평을 받으며, 매일 밀려오는 관객의 입장초과 문제로 극장측과의 시비가 잦았다. 후속 작품으로 〈명성황후〉, 〈은하수〉(이상, 2001) 등을 발표했다.

외국 공연도 다시 나섰다. 러시아의 하바롭스크, 모스크바 쌍뜨 빼떼르브르크, 호주의 시드니 오페라 하우스(메인 홀)에서 공연했다. 모스크바에서 쌍뜨 뻬떼르브르크까지 시베리아 횡단열차도 타봤다. 이때의 연기자들은 작품마다 주연이 달랐다. 출연자는 조금앵, 김진진, 김경수, 김성애, 그리고 이옥천이 새로운 남자 주연으로 등장했으며, 여러 중견 배우들이 참여했다. 우리 노장들의 바램대로 여성국극이 제대로 나아갈 것 같은 기대속에 기량껏 노력하며 협력하며 나아갔다.

한편, 쉬고 싶다던 전 이사장 홍성덕은 또 하나의 임의단체 등록증으로 잔여 배우, 소리꾼들과 함께 공연을 하고 있었다. 우리(박영애 단체)의 모스크바 공연에서 공연 당일 리허설이 한참일 때, 전 이사장 단체의 무대감독과 음향담당이 자기들의 내일 공연 때문에 무대 상황을 점검차 왔다며 방문했다. 누구의 허락이 있었는지는 모르나 연습 중인 무대에 올라와 살펴보는 무례한 짓을 했다.

춘향전의 리허설은 잠시 중단되었고 일부 우리는 무대 상수에서 대기하고 있었다. 하수 쪽에서 일어난 일은 자세히 모르나 단원들의 말인 즉, 어떻게 국내 공연도 아닌 외국 공연의 일정을, 같은 여성국극이 같은 장소에서 바로 다음날로 잡을 수 있느냐며, 한 마디씩 쓴 소리를 했다.

당초에 단체의 인수인계에서 전. 후 이사장 사이에 어떤 이면계약이 있었는지 알 수 없으나 두 사람의 관계는 아주 좋았다가, 좋지 않았다가, 안개 속 같았다. 두 사람의 관계가 심상치 않더니 결국 몇 사람 앞에서 녹음기를 틀고 하더니, 이사장 자리는 전 이사장에게 되돌아갔다.

그 무렵 나는 무형문화재 발탈의 전수조교가 되었다. 몇 사람은 나의 발탈 진출에 이유 없이 불만감을 가졌으며, 뒤에서 헐뜯고 비아냥거리기도 했다. 그러나 개의치 않고 열심히 살았다.

그러나 한 가지 내 평생 죽어서도 잊지 못할 아픔을 겪었다. 적어도 내 상식으로는 감당하기 힘든 아픔이었으며 수치스러운 일이었다. 1998년, 신작 〈장화홍련〉의 연습 장소, 종로 교동초등학교 실내 체육관이었다. 연습 초기 배역 설정부터 문제였다. 단장과 연출, 단장의 가족이며 연기자인 김, 이렇게 세 사람이 결정하여 배역을 발표했다. 배좌수 역에 조금앵, 장화 역에 김성애, 홍련 역에 김금미, 계모 역에 정미자, 장쇠 역에 김유림, 신관 사또 역에 박미숙, 청지기 할아범 역에 조영숙 등이었다. 장쇠 역의 김유림은 연기 초년생으로 입단한 지 일 년 남짓 됐다. 단원들이 장쇠 역은 조영숙이라야 한다며 날세게 반발하여, 조영숙의 장쇠 역은 유래가 없는 더블 캐스팅으로 연습을 진행했다.

신작 연습이 끝날 무렵 유행하던 독감이 들었고, 가족인 외아들은 군복무 중이었다. 나 홀로 약으로 이겨내야 했다. 이틀을 연습에 못 나가고 개막 전날 마지막 리허설이라 겨우 나갔다. 문예회관 무대 스탭진과 안무자 채향순과 악사들은 그간 많은 무대에서 함께 했던 사람들이라 반갑게 인사를 주고받고, 동료 연기자들도 반기며 건강을 염려해 주었다. 그러나 몇 사람은 싸늘했다. 연습이 끝나고 커튼콜이 끝날 때까지 대기하고 있었으나 연출은 나를 투명인간 취급을 하였다. 나는 커튼콜 순서를 물었다. 연출가는 팔짱끼고 서서 나를 쳐다보지도 않고 앞만 보며, 할아범과 이방들과 함께 나가라고 했다.

순간 말할 수 없는 모멸감을 느꼈다. "나 커튼콜에 안 나가면 안 될까요?"라고 했다. "안 나가면 연극은 할 거냐"라고 하기에, 나는 안 나가려면 연극도 하지 말아라 라는 뜻으로 받아들였다. "나는 예? 예. 안 하지요. 연극 안 하면 되겠네요." 내 말이 채 끝나기도 전에 단장의 가족인, 연기자 김이 쫓아와 내 팔을 잡고 반말로 "이리 와봐"라 며 끌었다. 나를 끌고 복도로 나와 구석에 있는 학생용 나무 의자에 내던지듯 처박아 놓고, 그의 사타구니에 내 하체를 넣고 타고서 꼼짝 못하게 하며, 손으로 내 목을 눌렀다. 밑에서 버둥대 봤자 힘만 빠졌다. 뒤늦게 단원들이 나와 그를 말려 주었다. 엄청난 폭력을 원로인 나에게 가한 것이다.

이 광경을 본 조금앵 선배는 "이것 참 단장네 (…) 무서워서 같이 연극 하겠나 원~"하며, 혀를 차며 도리질을 했다. 참으로 무섭고 끔찍한, 내 생에 일대의 치욕적인 사건이었다. 나는, 이 광경을 목격한 여러 사람의 얼굴을 쳐다 볼 수가 없었다. 내가 당할 만해서 당했으면 지금까지 가슴앓이는 안 할 것을... 그는 지금까지 죄송하다.

미안하다는 한마디 말도 없다. 그리고 그는 지금도 국악예술계에서 너무나도 활발한 활동을 하고 있다. 이렇듯 단체가 한 사람의 사유화가 되어 가는 것은 더 이상 보고 견딜 수가 없었다.

4. 홀로 서기의 시작

1980년대 초부터 여성국극이 살아날 조짐이 보였다. 음악평론가 이백천은 나에게 〈바보 온달〉을 토막극으로 올리게 해주었다. 롯데호텔 크리스털 볼룸이었다. 배우 심철호는 배우 일곱 명이 〈춘향전〉(1983)을 할 수 있도록 주선했다. 심철호가 운영하는 극장이었다. 그후 롯데호텔 36층 소극장에서 공연했다.

또 심철호는 만리동 자신의 극장에서 춘향전을 공연하도록 주선해주었다. 춘향 김진진·이도령 조금앵·방자 조영숙·춘향모 김효순이었다. 이태원소극장에서는 이정섭 연출로 〈선화공주〉를 공연했다. 서동 조금앵·선화 김진진·철쇠 조영숙·왕비 김효순·시녀 김덕순 등이었다.

연극계에서는 소극장운동이 한참이었다. 80년대 중반에 연극계의 최유진은 신촌시민극장을 운영했다. 이때부터 88올림픽을 계기로 공연활동이 자유화되기 이전 사이에, 반정부데모가 격렬했고, 정부측의 공연에 대한 검열도 심했다. 최유진은 여성국극 마당놀이를 하자고 제안했다. 나는 원본에 없는, 나무꾼놀이 장면을 만들어, 〈마당놀이 춘향가〉라는 공연을 올렸다.

상놈인 나무꾼(조영숙 역)이 한양에서 내려온 양반 이도령(박미숙)을 놀려주는 내용이다. 이를테면 지배자를 놀리고 풍자하는 내용이다. 나무꾼은 춘향이 옥중에서 죽었다고 거짓말을 하고, 이도령을 그녀의 무덤에 데려다 주겠다고 약속한다. 그러면서, 그 조건으로 이도령이 할 수 없는, 해서는 안 될, 온갖 짓을 다 시키는 것이다. 이도령은 노래도 부르고, 춤도 춘다. 마지막에 나무꾼은 '이제 춘향의 묘로 가자'고 하자고 한다.

〈춘향전〉(롯데호텔 36층 영택스, 1983)
뒷줄 왼쪽부터 이도령(김경수), 춘향모(박송희), 춘향(김진진), 앞줄 왼쪽부터 향단(김해리), 방자(조영숙)

다시 보는 「여성國劇」 놀이마당

우리여성 국악단 새로 장단 新村 시민극장 무대서 첫발표

〈다시 보는 「여성국극」 놀이마당〉

현대인의 머리에서 잊혀져가고 있는 여성국극의

여성국극의 원로 연기자 조영숙씨(51)와 박미숙씨(47)가 출연하는 이번 놀이마당은 여성국극의 기본 골격에 현대적인 재담을 결들인 해학과 풍자의 마당으로 12월말까지 매주 화요일 신촌시민극장무대에 펼쳐진다.

〈사진 金宗九 기자〉

한참 신바람이 오른 이도령은, '나는 춤을 좀 더 추고 가고 싶다'고 한다. 나무꾼은 '미친 양반은 더러워서 못 보겠다'고 하는데, 막이 내린다.

이 공연은 데모 때문에 중단되었다. 최루탄 가스가 공연장까지 퍼져 관객들이 앉아 있을 수 없었다. 관객이 늘어나기 시작하는 순간에 막을 내려야 했다. 후일 최유진의 증언(2022. 5. 18)에 의하면, 배우들의 출연료를 내기 어려운, 적자 공연이었다고 한다. 당시 대우전자회사를 찾아가 실정을 호소하고, 세탁기 6대를 기증받았다. 출연자들에게 세탁기를 한 대씩을 주었을 뿐이라고 했다.

그 후 데모가 잦아들었다. 신촌 크리스털 백화점에는 2개 소극장이 있었다. 제격의 6백여 석 소극장이 있었고, 그 아래 3백석 작은 소극장이 또 하나 있었다. 나는 3백석에서 〈마당놀이 춘향가〉를 다시 올렸다. 재담, 노래, 춤, 연기를 통해 관객이 좋아하는 무대를 만들어냈다. 그때 윗층 소극장에서는 추송웅의 〈빨간 피터의 고백〉(이 공연은 1977년 부산을 시작으로 1980년대 전국적으로 유명했다)이 공연되고 있었다. 그의 인기는 우리에게 밀렸다. 공연이 끝나고 우리와 함께 엘리베이터를 타고 내려오던 추송웅은 '손님이 이렇게 안 들기는 처음'이라고, 우리를 의식하며 한 마디했다.

1988년, 올림픽 준비로 주위가 온통 분주할 때 나는 생계를 위해 밤무대를 뛰어다녔다. 봉고차 한 대를 빌려 타고, 동료들과 패를 짜서 15분짜리 공연을 했다. 사물놀이를 하고, 민요를 불렀다. 반주에 상관하지 않았다. 보통 하루 밤에 일곱 군데를 돌았는데, 시내 술집을 비롯해, 오류동 일대, 성남 일대 가리지 않았다. 집에 돌아오면 새벽 3, 4시였다. 몸은 피곤해 천근이었다. '산다는 것'은 이렇게 준엄한 노동이었다.

한편, 1985년부터 나는 발탈을 시작했다. 2000년 10월에 뒤늦게 발탈의 전수조교가 되었다. 나의 홀로서기가 본격적으로 이루어진 것이다. 나의 목적은 비인기 종목인 문화재 발탈의 활성화였고, 여성국극의 젊은 배우 육성이었다. 문화재 발탈은 여성국극의 창, 무용, 연기의 요소와 유사한 맥락을 지니고 있다. 그러나 여러 형태의 창과 춤 그리고 재담 등으로 연기자들이 소화하기에는 여성국극보다 복잡하고 다양하여 발탈이 훨씬 더 힘들다. 요즘은 발탈의 기획공연 뒤에 여성국극의 토막극이나 빵파전

〈뺑파전〉 국기원에서 걸립기념공연(1967) 왼쪽부터 심봉사(조영숙), 황봉사(조복란), 뺑파(판소리 명창 오정숙)

여성국극의 뒤안길

〈뺑파전〉(1990년대) 왼쪽부터 황봉사(조영숙), 심봉사(조금앵), 뺑파(김성애)

〈선화공주〉(이태원 아트홀, 1980년대 중반) 왼쪽부터 철쇠(조영숙), 석품(이미자)

여성국극의 뒤안길

〈선화공주〉(이태원 아트홀, 1980년대 중반) 왼쪽부터 서동(조금앵), 철쇠(조영숙)

〈어사와 나무꾼〉(2008) 왼쪽부터 어사(박수빈), 나무꾼(조영숙)

〈어사와 나무꾼〉(1987)　왼쪽부터 나무꾼(조영숙), 이도령(조금맹)

같은 희극을 계속해 보여준다.

　전수생들의 무대 경험도 넓히고 그들의 창과 춤, 연기력 향상에 큰 도움이 되기 때문이다. 또한 발탈의 무대를 보며 박수로 칭찬해준 관객들이, 토막극과 뺑파전 같은 흥미진진한 무대로 즐거움이 배가 되어, 또 보고싶은 공연으로서 다시 찾아 줄 것을 기대하기 때문이다. 단막극은 〈어사와 나무꾼〉, 〈어사와 춘향모 상봉〉, 〈바보온달〉, 〈선화공주〉, 〈뺑파전〉, 〈광한루와 사랑가〉 등이다. 토막극 공연을 할수록 여성국극의 무대에 대한 애틋한 그리움은 갈수록 간절해졌다.

　2003년 서울시문화재단의 지원으로 공연 제작비의 절반 정도를 지원받을 수 있게 되었다. 거기에 경기도 안성시에서 안성의 여성인물로 화제가 되었던 바우덕이 인물사 작업의 제작비 일부를 지원받기로 약속이 되었다. 그러나 공연준비가 한참 진행되고 있을 때 갑자기 안성시에서 지원금 불가란 통지를 받았다. 일방적인 처사에 당황하지 않을 수 없었으나, 구두계약만 믿었던 우리의 잘못이었다. 주위의 많은 분들의 아낌없는 도움으로 내 생애 최초 최고의 무대 〈바우덕이〉를 완성해냈다.

　대성공이었다. 무대의 규모가 대단했다. 출연진만 70여 명이었다. 스탭진 역시 대단한 숫자였다. 한끼 식사 도시락이 130 개였으니 짐작이 될 것이다. 내가 의도했던 순수 여성국극이 아닌 국악 뮤지컬 같았다. 남사당의 진기한 묘기는 95%가 남성 연희자의 몫이었다. 안성남사당의 완전체를 보여줘야 했고, 안전의 문제도 고려하여 남성 연희자가 무대에 설 수밖에 없었다. 내가 갈망하던 여성국극은 아니었으나 멋진 국악 뮤지컬이라는 호평을 받았다. 문광부의 지원으로 영국 런던과 캐나다의 벤쿠버 공연이란 선물도 받아 다녀왔다. 10년 후 전통연회공연예술진흥재단의 지원으로 작은 규모의 순수 여성국극 〈바우덕이〉 공연을 했다.

　그 사이 여성국극의 공연을 멈추지는 않았다. 그 동안 상연했던 공연들을 작은 작품(토막극)으로 만들어 작은 무대에서 보여주었다. 소규모의 가난한 무대였으나 알찬 내용으로 보여줄 수 있어 호응도가 높았다. 발탈 기획공연 뒤에 보너스로 '여성국극의 마당놀이'가 되었고, 열린 무대에서 관객과 함께 흥겹고 신명나는 무대를 만들었다.

　　　　　　　　　　　　　　　　　　　　　여성국극의 뒤안길

'발탈 보러 왔다 이런 재미난 무대가 있다'는 소문이 나면, 미약하지만 발탈의 존재감을 알리는 일석삼조의 신나는 일이라 생각했다.

적은 액수라도 국고지원으로 먼 지방의 작은 무대도 개의치 않았다. 처음 가본 곳마다 이런 구경 처음이라며 내년에 다시 오라며 환영해주었다. 이런 공연마저도 많은 단체의 응모와 경합으로 국고지원의 혜택을 받기 어려웠다. 젊은 배우들의 실습 공연으로서, 서울은 물론, 지방공연도 자주 하는 것을 바람직하게 생각한다.

2008년 대망의 기회가 왔다. 나는 여성국극 탄생 "60주년 기념공연"을 추진하였다. 문광부에서 지원을 받게 되었다. 기존의 여성국극 단체에서도 60주년 공연을 하겠다고 하나, 공동주최로 하라는 문광부의 의견을 받았다. 자기들의 등록증은 여성국극협회이고, 우리는 발탈·전통극보존회로 등록이 있다는 것이다. 저들은 주도권이라도 잡은 듯이, 지원금의 30%도 안 되는 것을 적선하듯 우리에게 건넸다. 그러나 제작비가 부족하면 빚이라도 내어 '어떤 것이 본연의 여성국극인지' 반드시 본때를 보여주리라 작정하고 시작했다.

공연기획은 초창기부터 함께 했던 선배들과 후배들이 함께 하는 무대로 구상했다. 생존해 있는 선후배들에게 마지막이 될지도 모를 무대 위에서 공로상이라도 드리고 싶었다. 오랜만에 만나는 관객과 인사도 나누게 해주고 싶었다. 그러나 아쉽게도 박보아, 김진진, 박미숙의 거부로 공로상을 드리기로 한 프로그램은 무산되었다. 제작비 문제로 신작은 어려워 과거 상연했던 우수작들을 골라 갈라(GALA)란 이름으로 올리게 되었다. 국립중앙박물관의 용극장의 큰 무대에서 〈춘향전〉(동지사 상연작), 〈견우직녀〉(동지사 상연작), 〈바보 온달〉(햇님 상연작) 등, 세 작품의 중요한 대목을 골라 막을 올렸다. 2008년 11월 4, 5일이었다.

참여한 사람은 다음과 같다. 스탭으로 대본 구성과 작창지도는 조영숙, 연출과 안무는 최병기, 음악 반주는 이관웅, 이성준 외 한풀이 국악반주단 5명, 7인조 국악반주단, 무용은 김남정 외 무용단 무용수 9명이었다. 캐스트로는 성춘향(김성애)·이몽룡(이등우, 이옥천)·월매(조영숙)·왕(조금앵)·사또(이소자)·향단(이계순, 이상 춘향전)·견우(정의

진)・직녀(김성애, 이상 견우직녀)・온달(박수빈)・평강공주(한혜선)・온달모(조성실)・시녀(장지영, 이상 바보 온달) 등이었다.

이틀 동안 극장은 초만원이었고 과반수가 중년 여성들이었으며, 개중에는 석학들이 꽤 있었다고 했다. 놀랍고 꿈만 같았다. 공연 중에는 물론이고 두 번의 커튼콜에서는 기립박수와 뜨거운 환호로 칭찬해 주었다. 가슴 벅찬 감격의 순간이었다. 막이 내리자 많은 사람들은 내 손을 잡고 "참 좋은 무대였다"고 격려해주었다. 국고지원사업으로서 작품 수준과 권위를 높였다고, 나는 생각한다.

이 공연 전에 단체등록증을 내려고 서류를 제출해 놓고 있었다. 등록이 긍정적으로 이루어질 것으로 예상했다. 나는 이제 여성국극이 다시 일어날 수 있겠구나 하는 생각에 김칫국부터 마시고 있었다. 그런데, 사단법인 대한민국여성국극협회 등록은 불가라는 통지문을 받았다. 알아보니 내로남불을 일삼던 이들의 반대가 법인 등록을 막았다. 억울하고 분한 마음을 하소연할 곳조차 나에게는 세상 어디에도 없었다. 이런 와중에 용극장의 공연 성공의 분위기에 혹하여 '용'의 무대에서 함께 했던 연기자 몇명이 공연 단체의 등록을 하고 나섰다.

2013년 「다원예술축제」에서 나는 정은영이 기획한 〈배우와의 대화 – 마스터 클래스〉에도 출연했다. 서강대학교 메리홀 극장무대였다. 임춘앵 선생님이 주도했던 동지사시절의 서동과 견우의 주제가를 부르며, 내 배우로서의 생애를 독백으로 털어놓았다.

"나는 배우였고, 남자였고, 삼마이였고, 재담꾼이었고, 아내였고, 엄마였고, 또 딸이
었다. 어떤 사람으로 살든 언제나 무대를 사랑했고, 무대에서 평생을 나고 싶었다. 무
대에 오르지 못할 때도 무대를 위해 살았다네."……라고.

5. 여성국극의 특징과 창의성

여성국극은 1940년대 후반 박녹주가 주도한 여성국극동지사의 〈햇님과 달님〉으로부터 주목을 받기 시작했다. 임춘앵이 주도한 여성국극동지사는 1950년대에 여성국극을 하나의 공연예술의 장르로 격상시키고 사회 인식으로 넓혔다. 그러나 여성국극의 고공행진은 십년이 채 못되어 무너지고 말았다. 이 책에서, 나는 '무거운 마음'으로 지난날을 되돌아보고, 생각나는 대로, 문제점도 짚어보았다.

여성들끼리 창극을 한다는 것만으로, 여성국극의 조건을 충족시킨다고 할 수 없다. 1902년 최초 실내극장인 협률사가 개장되면서 창극(남녀혼성창극)이 시도되었고, 1907년 광무대, 단성사, 원각사, 연흥사, 장안사를 거쳐 창극은 형체가 이루어졌다. 한편, 1917년부터 기생들끼리 창극을 한 기록이 있고, 그 뒤 여러 기생조합(훗날의 권번), 동양극장 초기까지 여성 국악인들끼리 창극을 해온 자료가 보인다.

사람들이 〈햇님과 달님〉으로 열광한 까닭이 무엇일까. 창극의 새로운 형태로서 여성국극은, 판소리(이른바 5가) 바탕의 스토리 진행형인 기존 창극을 벗어나 창작 스토리를 꾸며 내놓았다. 이른바 새로운 이야기의 설화극이 그것이다. 또한 명창의 눈대목 중심 소리에서 벗어나 작품나름으로 새로운 눈대목을 창작해내고자 했다. 음악적 측면에서는 창극의 근본인 창과 음악성은 중시하되, 거기에 무용을 살려 기존 창극의 무용화 및 무대화를 중시하게 되었다. 여류 명창들을 포함한 여성들만의 창, 무용, 악, 극으로 새로운 음악극 장르를 제시했다. 이것은 분명 기존 창극의 현대화라 할 수 있다.

광복 후의 매우 어려운 사회 상황, 경제 사정, 극장 조건에서 여성국극이 새로 등장한 것을 무조건 긍정적으로 보거나 과장해 칭송할 수만은 없다. 그러나 역사적으로 새로운 창의력을 발휘한 것은 틀림없는 사실이다. 오늘날의 극장예술을 기준으로 여성국극을 보고, 그 낙후성이나 유치함을 꼬집어, 창의력마저 부정하거나 기존 창극의 탈선행위(의붓자식, 흉내, 아류, 모방, 변형)로 취급하는 것은 온당한 태도로 볼 수 없다. 또한

조영숙 표정 익살꾼 연기자로서, 재담꾼으로서 조영숙의 표정은 작품의 흥미를 끌어낸다.

기존 판소리를 불변의 예술로 보고, 여성국극이 거기에서 원칙없이 이탈한 반동, 타락 행위로 취급하는 것도 온당하다고 할 수 없다. 모든 예술의 발전 과정에는 탈선과 같은 시도와 실험이 따른다는 사실을 생각해야 한다.

나는 동지사에서 배우로 활동하는 동안, 숱한 연습과 무대 공연을 했다. 〈공주궁의 비밀〉 이후 모든 활동을 이 책에서 다 기록할 수 없었지만, 임춘앵 선생님의 창의력과 지도방법에 대해 가능한 작품마다 지적했다. 물론 선생님의 의도는 현실 조건의 장벽으로 모두 충족되었다고 할 수 없다. 아울러 선생님 자체에도 부족함이 전혀 없었다고 단정할 수 없다. 그러나 분명이 말하지만, 선생님과 같은 새로운 시도와 실험을 한 사람은 같은 시대에 그 누구도 없었다. 그때, 다른 여성국극 단체에서는 임 선생님의 작품를 모방하려고 했다. 여성국극의 가치는 임춘앵 선생님의 다양한 자질과 능력, 창의력의 무대 종합적인 결과물이었다.

20세기 초 창극이 시작될 때부터 오늘날 국립창극단 공연에 이르기까지, 창극(혼성창극)은 여전히 5가 중심의 작품, 명창의 소리, 눈대목 중심의 표현이라 할 수 있다. 이런 창극을 '한국만의 무대'라고 내세운다고 해서, 무가치하다고 할 수 없다. 더욱 잘 발전시켜야 할 과제이다. 그러나 그렇다고 해서, 임춘앵의 시도와 실험을 부정해서는 안 된다. 그것은 그것대로 새로운 가치를 만들어내었기 때문이다.

1950년대 연극사는 여성국극이 중심이었다. 당시 여성국극하면, 임춘앵의 무대 연기와 매너, 단체운영 방식이 표준으로 인식될 정도로 관심의 대상이었다. 판소리 레퍼토리의 한계, 판소리의 구태의연한 창법에 대하여, 여성국극은 지속적인 레퍼토리 개발, 남성도 하기 어려운 창을 자연스럽고 섬세한 감정 표현, 무대 매커니즘의 변화에 대한 수용 등을 통해 대중과 한층 가까워졌다. 여성국극은 옛적부터 이어져 내려온, 다양한 전통음악을 근본으로 하며, 총체적 국악예술과 그 시대의 '멋'과 '흥' 그리고 관객과 소통을 통해, 독특한 '한'까지 이어담은 여성 국악인들의 무대였다.

나는 70여 년 전부터 시작되고, 그동안 세련되고 예술성이 풍부한 여성국극으로 발전해온 무대를 되살리는 데 남아있는 혼신의 노력을 다하고 싶다. 꺼져가는 여성국

여성국극의 뒤안길

극의 불씨를 살리기 위해 기꺼이 불쏘시개 역할을 할 것이다.

6. 무형문화재로서 여성국극

1962년에 국립극장 산하에 국립창극단이 설치되었다. 1964년부터 판소리는 국가무형문화재로 지정되기 시작했다. 예능보유자(인간문화재)가 그들이다. 널리 알려진 대로, 창극단의 여자배우와 판소리의 여자 인간문화재들은 대부분 지난날 여성국극에 출연했던 소리꾼들이다. 창극단이 설치되고 인간문화재들이 지정되는 과정에서, 문화재 당국이 '여성국극의 무형문화재로서 가치'를 망각한 것은 큰 실책이었다고, 나는 생각한다.

아마도 여자배우들이 창극단에 소속되고, 여자 소리꾼들이 문화재가 되었으니, 남는 문제가 별로 없을 것으로 생각했을 것이다. 그러나 이런 문제보다 더 중요하고 시급한 과제는 '여성국극의 예술성'을 보전하는 일이었다. 한두 사람이 더 단체에 입단하거나 문화재로 지정되는 일보다 쉽게 사라지는 속성을 지닌 예술성을 먼저 보전하는 방안을 찾았어야 마땅하다. 예술마저도 현실의 일개 행정사무로 취급하는 우리 공무원들의 현실적 사고思考가 이처럼 사태를 그르치고 만 것이 아닐까 한다.

모든 예술은 한 번 사라지면 재생하거나 복구하기 어렵다. 무형문화재는, 말 그대로, 형태가 고정되어 있지 않으므로, 그것을 만드는 기술과 기능을 보전해 두어야 창조가 가능하다. 국립창극단이 하는 창극(혼성창극)은 여성국극과 엄연히 다르고, 인간문화재가 부르는 판소리는 여성국극에서 부르는 소리(이른바 연극소리)와 엄연히 다르다. 더 나아가 여성국극의 동작(발림), 연기, 반주, 삽입곡, 반주와 춤의 조화 등은 다른 공연예술에서 찾아볼 수 없는 개성과 창의성을 지니고 있다. 이런 중요하고도 값진 요소들을 도매금으로 일반 창극의 연기나 판소리와 같은 것으로 취급한 것은 큰 오류이자 실책이었다.

한편, 여성국극을 외치고 다니는 많은 사람들에도 큰 책임이 있다. 그들 대부분은 연극활동을 제대로 한 사람들이 아니거나 초보자로 잠시 활동했을 뿐이다. 여성국극의 원로와 우수한 배우들이 대부분 작고하고 나니, 그들은 마치 제때, 제철을 만났다는 듯, 여기저기 관청을 찾아다니고, 공공기관을 방문해 '재생 공연'을 도와달라고 손을 벌리고 있다. 물론 전문가 행세를 한다. 여성국극을 표방한 단체를 당국에 등록해 놓은 사람들도 적지 않다. 그들에게 묻고 싶은 것은 임춘앵 선생과 같은 무대를 자기가 만들 수 있는지, 과연 임춘앵의 무대가 어떤 것인지를 자기가 알고 있는지, 하는 점이다.

아주 늦었다고 생각하지만, 더 늦기 전에 여성국극은 국가무형문화재로 지정되어야 한다. 여성국극의 예술성을 복원하고 되찾을 수 있는 마지막 기회가 바로 지금이기 때문이다. 나는 문화재청에서 이미, 이 문제에 대비해 지정조사를 했고, 무형문화재회의에서 지정에 대한 토론을 수차 가졌다는 소식을 들어서 알고 있다. 그러나 아직 실행의 단계에는 이르지 못했다. 이런 현실과 미래에 대해, 나는 여기서 솔직한 내 의견을 피력해 두고자 한다.

첫째는, 국가무형문화재로서 여성국극은, 우선 인간문화재가 없는 단체종목으로 지정되는 것이 순리이다. 현단계에서 인간문화재를 지정하는 것은 다툼의 여지가 많을 뿐만 아니라, 예술적 자질과 실력을 충분히 갖춘 보유자를 찾기도 어렵다. 여성국극의 전승은 장기간의 공연 체험과 지속적인 교육에 의해 이루어지는 만큼, 인간문화재가 있어야 하는 것이 당연하다. 다만, 현단계에서는 그러한 사정을 고려해야 한다는 말이다.

둘째로, 이른바 인간문화재 비지정종목의 운영은 관련 단체들에게 연간 일정한 공연비를 지원해주는 방식이어야 한다. 단체들로 하여금 지속적으로 활동하도록 하고, 그 활동을 엄격히 평가해 여성국극에 알맞은, 우수한 인재를 발굴해내는 방법이 가장 이상적이다. 물론 다른 종목과 마찬가지로 엄격한 시험을 거쳐 장차 이수자, 전승교육사, 보유자가 되도록 하는 것이다.

셋째로, 공연비를 받고도 활동이나 교육을 게으르게 하는 단체에 대해서는 자격을 박탈해야 한다. 이러한 조치 역시 문화재법에 규정된 대로 엄격한 평가를 통해 이루어

저야 한다. 우리는 상습적으로 중국이나 일본의 전통극을 사례로 들어, 문화재 지정이나 국가 보조금을 논의하며, 또한 그들과 상대적인 우리 제도의 불평등을 지적하고 있지만, 그것은 사리에 맞지 않는다고 생각한다. 그들과 예술제도의 운영체계가 다르고, 고전극에 대한 사회인식이 우리와 너무도 다르기 때문이다.

임춘앵 선생님의 마지막 제자로 남아있는 나는, '여성국극의 복원과 문화재 지정'에 모든 정신과 정성을 쏟고 있지만, 세상의 흐름은 내 뜻대로 가고 있지 않다. 날이 갈수록 안타까운 마음뿐이다. 사람들은 나에게 물을 것이다. '그동안 당신은 어떤 실천을 했느냐?' '말이 아니라 실제로 한 일이 무엇이냐?'

앞서, 홀로 서기에서 말한 대로, 나는 발탈 공연을 할 때마다 '뒷놀이 공연'으로 여성국극의 단편을 공연해왔다. 관객들에게 여성국극의 즐거움을 선사하려는 의도도 있었지만, 그보다 더 중요한 뜻은 공연을 통해 젊은 인재들을 훈련시키려는 의도였다. 발탈의 노래 및 재담놀이와 여성국극의 연극소리와 재담은 본질적으로 밀접하게 상통하는 요소가 있다. 이런 특징을 살리고, 발탈과 여성국극을 모두 살리려는 목표로 나는 뒷놀이 공연을 했던 것이다. 결코 발탈을 소홀히 하려는 마음은 없다. 발탈의 이수자들이 동시에 여성국극도 할 수 있는 실력을 쌓아 두려는 생각이다. 여기서 잠시 내 제자들을 소개해 두기로 한다.

한혜선(1976)은 박계향에게 〈춘향가〉를 이수했다. 조영숙 발탈의 이수자이다. 1994년부터 현재까지 해외 공연을 포함해 여성국극에 출연했다, 국립극장, 국립국악원 예악당, 국립중앙박물관 용극장 등에서 공연했다. 최근 〈뺑파전〉(2016), 〈선화공주〉(2018), 〈춘향전〉(2019), 〈섬진강 도깨비〉(2020) 〈심청〉(2021)을 공연했다. 김세종제 춘향가 발표회(2022)를 했다.

장지영(1982)은 판소리와 민요를 수년간 공부했다. 조영숙 발탈의 이수자이다. KBS 국악한마당 〈선녀〉(2002)로부터 안성 〈바우덕이〉, 용극장 〈바보온달〉 등, 현재까지 여성국극에 출연했다. 최근 〈발탈 마당놀이〉(2016), 〈뺑파전〉(2017), 〈민요공연〉(2018), 〈박장대소〉와 〈팔도유람〉(2020), 〈비나리〉(2021), 〈발탈 노정기〉 등을 공연했다.

〈대춘향전〉(2011) 제자들과 함께 왼쪽부터 통인(장지영), 월매(조영숙), 향단(황지영)

여성국극의 뒤안길

박수빈(1985)은 제13회 전국판소리수궁가경창대회 종합대상을 수상했다. 조영숙 발탈의 이수자이다. 정동극장 〈춘향전〉(1999)으로부터 현재까지 해외 공연을 포함해 여성국극에 출연했다, 최근 〈발탈 마당놀이〉(2016), 〈국악방송 여성국극 음원 시리즈〉(2017), 〈윤이상 동요제〉(2019), 〈박장대소〉와 〈팔도유람〉(2020), 〈비나리〉와 〈환경소리춤극〉(2021), 〈발탈 노정기〉, 〈라이징 여성국극〉(2022)을 제작 발표했다.

황지영(1993)은 성창순 〈심청가〉 이수자이고, 조영숙 발탈의 이수자이다. 〈발탈 마당놀이〉(2012)로부터 현재까지 여성국극에 출연했다, 최근 〈인천공항 상설공연〉(2016), 〈국악방송 여성국극 음원 시리즈〉(2017), 〈국악그룹 미지보컬〉(2018), 〈꿈의 오케스트라〉(2019), 〈여성국극 선화장〉(2020), 〈여성국극 라이징 안산〉(2021), 〈오버더떼창 쨍하고 해뜰날〉(2022) 등을 공연했다.

원로 배우로 이미자(진경 및 화랑 국극단 출신)와 김성애(낭자국극단)는 여전히 유능하다는 평가를 받고 있다. 기존의 배우든, 신진이든, 그 누구든지 문화재로서 엄정한 평가를 거쳐, 사회적인 인정을 받아야 할 것이다. 내 가족이라고, 내 제자라고, 여성국극을 할 수 있다고 해서, 덮어놓고 여성국극의 무대에 세우는 일은 근절되어야 한다. 이렇게 하다가 여성국극의 질이 형편없이 추락하고, 사회적인 냉대와 멸시를 받은 사실을 결코 잊지 말아야 한다. 지속적인 사전 교육과 무대 공연 경험이 우선해야 한다.

결론적으로 재차 강조하고 싶은 것은 여성국극은 국가무형문화재로서 충분한 예술성을 갖추었고, 따라서 그 가치를 온당하게 보전하려면, 국가무형문화재로 지정되어야 한다. 현재 남아 있는 경험자와 신진 배우들을, 공정한 심사를 통해 선발해, 그 복원 작업을 서두르는 한편, 미래를 위한 여성국극의 창작에 대비하는 것이 바른 길이라 생각한다.

여성국극 1 · 2세대 배우들의 고령화와 사회적 무관심으로 국극의 명맥 유지와 전승의 원활한 세대 교체가 제대로 이뤄지지 못하고 있다. 하루속히 여성국극 관련 전문교육시스템이 절실하다.

●

자료

1. 작품에서 부른 노래

금강산의 노래

동지사, 견우직녀 주제가, 서항석 작사, 임춘앵 작곡

(굿거리 : 흥청거리는) 금강산 금강산 금강산 이름이 좋아서 금강이드냐 경치가 좋아서 절경
이드냐 경치가 좋아서 금강이 드냐

봉우리 마다 비단이요 골짜기 마다 구슬이니 무릉도원이 여기일세 닐닐니루 닐리
루닐리 닐니루닐리 닐니루 닐리 산이 높아서 물도 맑고 물을 따라서 여기왔소

(개고리들춤) 개골 개골 개개골 개골 개개골 개개골 개골 개골 개골 개골 노래한다 개고리
춤추며 노래를 부른다 산들산들 바람아 쉬어라 둥실 둥실 저구름아 멈춰라 봄날은
바쁠 것 없으니 노래나 부르며 즐겨보세

(참새들 춤) 쨱쨱 쨱쨱 쨱쨱쨱 쨱쨱 쨱 쨱 쨱 쨱쨱쨱 쨱쨱 쨱쨱쨱쨱쨱쨱 쨱으쨱쨱 쨱쨱쨱으

짹짹으짹짹

견우님 피리는 가락이요 소자님 소구는 장단이라네

(돼지들춤) 꿀꿀꿀 두루루 꿀꿀꿀 두루루루루루

잠든 소나무 어깨춤 추니 목쉰 까치가 노래하네 까옥 까옥 까옥

까옥이가 울음우니 두견새 너는 무엇이 슬퍼 앞산에 앉아 귀촉두 뒷산에 앉아

귀촉두우 슬픈노래만 부르고 있으니 너의 곡절을 말하여라

사랑 사랑 사랑이 무어길래 그 사랑을 못잊어 슬픈노래만 부르외다 에라 아서라

그리를 마라 슬픈 노래는 다 집어치우고 경치 좋은 금강산에서 즐거운 노래 불러

보세 흥거운 노래나 불러보세

(자짓모리) 가세~ 가세~ 가세~ 금강산에 어서가세 이름이 좋아서 절경이드냐 경치가

좋아서 금강산 이드냐 봉오리 마다 비단이요 골짝이 마다 구슬이니 무릉도원이

여기일세 닐니~ 닐니루 닐리 닐니루니루 닐니 닐닐니루 닐리 가자 가자 가자

금강산 가자 절경을 찾아서 금강산 가자 아 금강산에 어서 가세 ~~앵헤이야 뒤야

애헤이야 멋대로들 놀아를보세

봄노래

동지사, 못잊어 서곡, 고려성 작사, 임춘앵 · 한일섭 작곡

(양산도가락 : 삼박자) 에이야 뒤야 에헤야 뒤야 에이야 뒤야 봄이왔네 (왔네)

먼산에 아지랑이 아른아른 거리고 시냇물도 주루루루루루 노래한다 춤을 춘다

새들도 짝을 찾아서 봄노래를 부른다 (봄노래를 부른다)

봄봄봄봄봄 봄봄봄 꽃망울은 방긋웃고 방실 방실 방실 웃음지며 벌나비 잠을깨고

각시님도 춤을 추네

(중모리) 후렴 : 에헤야 데야 춤을 추세 에헤야 뒤야 춤을 추어라 꽃피는 봄동산에 새가
운다 하늘하늘 봄바람은 임을 부르고 아물아물 아지랑이 춤을 추는데 목동들의
피리소리는 봄동산에 꽃피였네

후렴 : 에헤야 데야 어이야 뒤야 에헤야 뒤야 어이야 뒤야 꽃피는 봄동산에 새가
운다 꽃을 찾아 향기따라 나비 접접 날아들고 새들은 수리루리루리 흥겨웁게
노래하네 버들가지 한들한들 아양을 떠네 (아양을 떠네)

후렴 : 에헤야 데야 어이야 뒤야 에헤야 뒤야 어이야 뒤야 꽃피는 봄동산에 새가
운다

(중중모리) 호랑나비 꽃을 찾아 이리저리 날아들고 우리들은 임을 찾아 봄맞이를 허러가
세 휘늘어진 버들가지 우리님 못 가게 매어놓고 봄동산에 사랑노래 흥겨운 노래나
불러나 보세

후렴 : 에헤야아 봄맞이를 하러가세 휘느러진 실버들은 이내 몸이요 황금빛 꾀꼬
리는 우리님이라네 이몸 위해 사랑노래 엮어나 주오 불러나 주오

후렴 : 에헤야아 봄맞이를 하러가세. 오면 가고 가면 오는 일년은 열두달 춘하추동
사시절 봄꽃이 한때려니 아니놀고 무엇하리 우리 모두 흥겨웁게 얼씨구 즐겨보세

후렴 : 에헤야아 봄맞이를 하러가세 휘느러진 버들가지 우리님 못 가게 매어놓고
봄동산에 사랑노래 흥겨운 노래나 불러보세(흥겨운 노래나) 불러보세.

후렴 : 에헤야아 봄맞이를 하러가세

눈사람

동지사, 못잊어 서곡, 고려성 작사, 임춘앵 · 한일섭 작곡

(엇모리) 눈이 오네 눈이 오네 하얀 눈이 내리네 온세상에 눈이 부신 흰 눈이 내리네

후렴 : 눈사람 하얀 눈사람 우줄우줄 걸어가는 하얀 눈사람 함박눈은 받아가지고 때때옷을 짓고요 싸락눈은 받아가지고 떡방아를 찧는다네

후렴 : 눈사람 하얀 눈사람 우줄우줄 걸어가는 하얀 눈사람 각시방 영창가에 수정 고드름 따러가는 하얀 눈사람

후렴 : 눈사람 하얀 눈사람 우줄우줄 걸어가는 하얀 눈사람 온세상의 흰눈 모아 눈사람 만드세

후렴 : 눈사람 하얀 눈사람 우줄우줄 걸어가는 하얀 눈사람 오늘도 내일도 눈사람 만드세

사랑의 노래

동지사, 춘서몽 주제곡, 고려성 작사, 임춘앵 작곡

(중중모리 : 흥겨웁게) 인생을 고해라 누가 했소 사랑이 죄란 것 뉘 말이요 우리의 사랑은 지상의 극락사랑 사랑 사랑 우리의 사랑 어화둥둥 내 사랑이지 안수해 접수화 다겨은 사랑 물우에 뜨면은 원앙의 사랑 가지에 앉으면 봉황 사랑 백옥루에 노니든 선녀 무지개 타고 나려온 듯 용궁에서 춤추든 용녀 별주부 타고 오시엇소 황홀할손 님의 양자 이리 보아도 내 사랑이요 저리 보아도 내 사랑일세 사르당 징징 내 사랑이요 (거문고 간쥬) 사르징 당지지 둥당 (거문고 간쥬) 내 사랑일세 옥황상제 모시엇든 백운천상 선관인가 영주방장 신선들과 바둑을 두던 선관인가 이내 몸 휘휘 휘감는 삼생의 인연인가 사랑일세 그리여 (사랑일세 그리여) 깊고 높은 우리사랑 억만겁에 길이 얽혀 무궁무진 세월속에 한이없이 놀아보세 춤이나 춥시다 노래나 합시다 끓는 피 파도쳐 오고가는 사랑 음 그 사랑을 어느 누가 막으릿까 원앙같고 봉황같은 두 청춘의 보금자리 춤과 노래로 등불을 삼아 사랑길을 밝혀 보세 춤이

나 춥시다 노래나 합시다 우리 모두 힘을 모아 이 강토를 지키면서 만세 만세 만세 사랑가로 수놉시다 에헤야 좋고 좋네 사랑이 좋을씨구.

산천아 너 아느냐

임춘앵, 노래, 이진원 채록,
국악누리 2018, 3~4, 하나음반 HNCD-0212

산천아 아느냐 구름아 네 아느냐 어미 없이 겨울 하늘을 날러 다니는 외기러기의 울음소리 장부의 간장을 찢어 주누나. 밤마다 잠 못 이루어 울고 새는 두견새야 네 설움이 크다 해도 사나이 가슴 속에 피로 사무친 이내 슬픔을 어디 메다 비할 텐가. 울어서 해를 보내고 그리워서 달 보내고, 별을 헤이면서 이십 년을 그리워도 보이지 않는 어머니 모습 어디가고 안 보이나.

〈춘향전〉 사랑가

각색 김용승, 정정렬 작창, 정정렬 작사(조선성악연구회)

몽룡 : (대사) 춘향아 내 사랑이지

(진양)
사랑 사랑 내 사랑아 어허둥둥 니가 내 사랑이지야
광한루서 처음보고 산하지맹의 깊은 사랑
하상견지 만야련고 어허둥둥 내 사랑아
하월삼경 밤이 짧어 구곡같이 서린 정회
탐탐이 풀새없이 새벽닭이 원수로고나

　　　　어허둥둥 니가 내 사랑 이지야

춘향 : 밤이 짧어 한이 되면 천중명월 잡어메고

　　　　장침가로 놀아보고 이내마음 겨우리요

　　　　도련님 굳은 맹세 애꿎이도 오는 밤을

　　　　사랑가로 즐겨보세

합창 : 사랑이야 어허 내 사랑이로구나 사랑이로구나

　　　　어허 어허둥둥 니가 내 사랑이지야

몽룡 : (대사) 오늘밤이 가면

춘향 : 내일 밤이 또 오지요

몽룡 : 일년이면 몇 밤이지

춘향 : 삼백 예순 다섯 밤이지요

몽룡 : 책방에 홀로 앉어 너를 생각하는 낮은 오지 말고 일년 내내 너와 만날 수 있는

　　　　밤만 있어주었으면

　　　　(중머리)

　　　　사랑사랑 내 사랑이야 어허둥둥 니가 내 사랑이지

　　　　이리 보아도 내 사랑 저리 보아도 내 사랑

　　　　우리 둘이 사랑타가 생사가 한이 되어

　　　　한번 아차 죽어지면 너의 혼은 꽃이 되고

　　　　나의 넋은 나비 되야 이삼월 춘풍시에

　　　　니 꽃송이를 내가 안어 두 날개를 쩍 벌리고

　　　　너울너울 춤추거든 니가 나인 줄을 알려므나

춘향 : (대사) 아이 도련님은 오늘같이 좋은 날 어찌 죽는단 말씀을 하시어요.

몽룡 : 그러면 정담을 하랴

　　　　(중중머리)

　　　　둥둥둥 내 사랑 어허둥둥 내 사랑아

저리 가거라 뒷태를 보자 이만큼 오너라 앞태를 보자

너와 나와 유정허니 어찌 아니 다정허리, 담담 장강수

유유원객정 하교불상송 하니 강수의 원함정

우리 연분은 천정이니 만년을 간들 변할손가

어허둥둥 내 사랑아

춘향 : 도련님은 흉중대량 보국지신이 되올세라

사육신을 뫼신 듯 생육신을 모신 듯

청송강 충무공의 고은 선생을 모신 듯

내 삼촌 외팔백 주석지신이 되시리로다

둥둥두웅둥 어허둥둥 내낭군

합창 : 사랑사랑사랑 내 사랑이야 사랑이로구나 내 사랑이야

이히- 내 사랑이로나 섬마둥둥 내 사랑이야

몽룡 : 동정칠백 월야처의 부산같이 높은 사랑 유유낙일 월정간에

꽃과같이 고은사랑 으스름한 초생달이 방실방실 웃는 사랑

남창 북창의 노적같이 다물다물이 쌓인사랑

사랑사랑 긴긴사랑 대천같이 긴긴사랑

세월아 네월아 가지를 마라 화류 벽상의 꽃이 지면

우리님 고은얼굴 도화색이 사라지며

춘향 : 추월추풍에 서리오면 호탕하신 도련님이 백수안을 부르실라

합창 : 달아달아 밝은 달아 니 아무리 바쁘어도 중천에 멈춰있어

내일 날 오지말고 백년여일 이밤같이 이모양 이대로 늙지 말게 하여다오

사랑이로 구나 내 사랑이야 어허 둥둥 내 사랑

춘향·몽룡 : (대사) 도련님, 춘향아! (얼싸안는다)

2. 선화공주 노랫말

대본 : 김아부 / 작창 : 조상선 / 안무 : 조상선/ 기록 : 조영숙 (2013년 3월 6일)

녹음 : 예음스튜디오 (2013년 7월 10일)/ 믹싱 : JCC아트센터(2021년 10월 9일)/

소리 : 조영숙/ 장단 : 이관웅/ 레코딩 엔지니어 : 최남진/ 믹싱 엔지니어 : 최용석/

프로듀서 : 김선국/ 정리 : 2021년 10월 12일.

등장인물

서동 : 서동요를 만들었다. 훗날 백제의 무왕이 된다.

선화공주 : 진평왕의 딸, 백제 무왕의 왕비가 된다.

철쇠 : 서동의 막역한 친구

진주 : 선화공주의 시종

석품 : 신라의 고위 관직에 있는 신하

진평왕 : 선화공주의 아버지

왕비 : 선화공주의 어머니

백제인 : 왕자 서동을 찾고 있는 백제인

그 외, 시녀, 군사, 촌동 등 보조출연자들

1) 촌동들의 합창

(음악 전주 자짓모리)

합창 : 먹어보세 먹어보세 이 감자를 먹어보세

(자진모리)

독창 : 이 감자가 무슨 감자 산감자냐 들감자냐 물씬물씬 밤감자로다

합창 : 먹어 보세 먹어 보세 이 감자를 먹어보세

독창 : 어느 산에 산감자냐 이산 저산 줄기 뻗어 산감자가 열렸으니

　　　이 감자가 그 감자다 에라 먹자 어라 먹자

독창(철쇠) : 산이면 다 산이며, 감자면 다 감자랴

　　　이 감자로 말할진데 우리 서동이가 말 못할 소원 있어

　　　천령 위에 금수 간에 꽃 한 가지 보라 허고 이 감자를 지고 왔네

　　　감자가 익을 적에 남 모르게 타는 가슴 오작이나 답답할꼬

합창 : 먹어 보세 먹어 보세 이 감자를 먹어보세

일동 : 핫핫핫

2) 서라벌에 당도한 서동

독창(서동) : 선화공주님!

　　　(중중모리)

　　　저것은 금성이요 이것은 반월성이라 저것은 명황성이요

　　　저것은 금난성이요 이것은 취운성이라

　　　어느 성중 궁실 안에 선화공주님 계시는가

　　　서라벌 삼백육십방 십칠만호 낭자도 많으련만

　　　선화공주 미려무쌍美麗無雙이란 말을 듣고 천리원정 내 왔노라

　　　어쩔거나 어이하리 어찌하면 좋드란 말이냐

3) 서라벌에 울려 퍼지는 서동요

서동 : 얘들아 내가 노래 한 마디 가르쳐 줄테니

　　　이 소리가 서라벌 방방곡곡에 퍼지도록 불러야 한다.

촌동 : 그래 그래 그래 해봐

서동 : 선화공주님은 남거짓이(남모르게) 정을 두고

　　　서동님을 밤마다 남모르게 안고 간다.

철쇠 : 서동아 이제 네 소원은 풀었다. 그렇지

　　　(자진모리)

　　　풀었구나 풀었구나 네 소원을 풀었네

　　　꿈속에서 한 마디로 네 소원을 풀었다

　　　자 오늘부터는 서동이가 임금님의 셋째 사위시라 태워라~

서동 : (늦은 자진모리)

　　　호피자리 나는 싫고(호피자리 나는 싫고)

　　　은그릇도 나는 싫네(은그릇도 나는 싫네)

　　　금의옥식 내사 싫고(금의옥식 내사 싫고)

　　　감자를 먹고 물 마시고(감자를 먹고 물 마시고)

　　　아! 님과 날과 살고지고(아! 님과 날과 살고지고)

　　　어리렁 성둥성 다리렁 실건

　　　어리렁 둥성 다리렁 실건

　　　가세 가세 어서 가세

　　　가세 가세 어서 가세

　　　공주 궁으로 어서 가세　가자!

4) 선화공주, 서동요를 듣다

음악 (목탁소리, 쇠소리)

독창(선화) : (무장단)

　　　문종성 번뇌당 지혜장 보리생 파지옥지는 옴바라 제야 사파하

음악 (서동요가 배경음악으로 들린다)

선화 : 저게 무슨 소리냐?

진주 : 해괴한 동요로소이다

선화 : 동요인줄 알겠다마는 그 사설이 맹랑하구나

진주 : 마마 저자들을 당장 잡아 올리올까요?

선화 : (중모리)

　　그만 두어라 그만 두어라 철없는 아해들의 동요로다

　　선화공주가 서동이를 남몰래 안고 간다 한들

　　그 소리를 누가 곧이 들으며 곧이 들을 사람 뉘 있으리

　　내가 영흥사 부처님께 원을 세워

　　우리 어마마마께 태자 한 분 보고지고

　　남거짓이 오고감을 비유하여 난 말로 내 알겠다.

석품 : 공주마마 어이하면 아실런지 아실 듯도 하시련만

　　얼음을 대하는 듯 차돌을 대하는 듯 모르신다 하오시니

　　일천간장 타는 회포 어느 뉘게 하소하오리까

선화 : (중중모리)

　　그게 무슨 말씀이요 예절 높은 이 나라의 예부를 맡은 이로

　　과연지사 어렵고 귀중한 일 소홀히 정할손가

　　위로 임금님을 섬기시고

　　아래로 만백성을 다스리는 벼슬아치로서

　　어느 길이 없고 어느 법이 없어

　　이 내 몸 면전에서 무례한 말씀을 한단 말이요

음악(바라소리, 목탁소리)

합창(후렴) : 나무아미타불 관세음보살

　　도세 도세 백팔번을 도세

선화(독창) : 대자대비 석가세존 우리 성상 성수만세

합창(후렴) : 나무아미타불 관세음보살

　　도세 도세 백팔번을 도세

선화(독창) : 천상천하 유아독존 부처님전 비나이다

합창(후렴) : 나무아미타불 관세음보살

　　　도세 도세 백팔번을 도세

선화(독창) : 만 백성의 염원읍소 태자 한 분 점지하소

합창(후렴) : 나무아미타불 관세음보살

　　　도세 도세 백팔번을 도세

5) 서동, 선화공주를 만나다

서동 : 오! 공주님

　　(진양)

　　이 몸이야 천하다고 마음조차 천할손가

　　입은 옷이 더럽다고 이 내 청춘 더러우랴

　　서러워서 못 살겠네 이 내 소원을 이루지 못할 바에는

　　차라리 공주님 앞에 죽어지면 나의 극락이 그 아니냐

철쇠 : 아이고 서동아 왜 이러냐 나랑 같이 죽자

　　죽으려면 나랑 같이 가

서동 : 놔라 이 놈아 이 손 놓으란 말이야 (철쇠와 옥신각신하는 모습)

　　(중모리)

　　막지마라 막지를 말어라

　　먹은 소원 못 풀 바에는 산다는 게 지옥이라

　　대장부 한 번 결심 진시황의 칼이라도 막지는 못하리라

　　내가 죽은 후에라도 내가 부르던 노래 하나

　　서라벌 이 곳 저 곳 방방곡곡에 다니면서 퍼지게나 하여다오

철쇠 : 아이고 서동아 그러지 마라 그러지마!

선화 : 잠깐! 무슨 까닭으로 한참 시절에 죽겠다는 것이요

서동 : 오! 공주마마

(진양)

슬픈 일이라 하오리까 괴로운 일이라 하오리까

천령 넘어 머나먼 길 서라벌을 찾아 올 때

사연도 많았으며 소원도 많겠거늘

의지가지없는 이 몸이 공주님을 뵈옵게 되니

아닌 밤중에 등불을 대한 듯 하오이다

선화 : (중모리)

사람마다 사연 있고 소원도 많겠거늘

의지가지 없다기로 죽엄이 당할손가

대장부 앞 길이 창창커늘 경솔한 일을 어이하리

차후는 장부답게 힘써 살기를 바라노라

서동 : (중모리)

죽은 목숨 살리시니 정연하신 그 은덕을

한 시인들 잊으오며 하해 같은 그 성덕을 꿈엔들 잊으오리

소원하나 있소이다 제 소원을 들조시오

어여쁘신 공주님께 진상코저 하옵난건

백제 땅 비취구슬 귀고리를 바치오니

이 진상을 받으시면 남은 여한이 없겠소이다

선화 : 보아하니 천한 백성 같은데 이렇게 귀한 것을 나에게?

그대는 예사 천한 백성 같지 않노라

내 그대에게 이 영락을 풀어 줄 것이니 어서 고향으로 돌아가

부모님 섬기며 잘 살기 바라노라

진주야 가자

진주 : 예

서동 : 아 공주님 가슴에 걸려있던 이 영락... 아! 못 살것다.

(중모리)

보고나니 못 살것네 보고나니 더 못 살것네

이 영락이 구슬이면 이 구슬에 피가 있어 공주님이 될 것인가

저 대궐 공주궁으로 공주님은 가시건마는

이 내 몸은 어이하여 저기 저 대궐로 못 가느냐

보고나니 더 못 살것네

6) 진평왕 앞에 서게 된 선화공주와 서동

(장면 연결음악)

선화 : 아바마마

이 선화가 감자 굽는 서동이라는 젊은이와

해괴한 일이라도 있었단 말씀이오니까?

진평왕 : 바로 그 말이다!

딸자식 하나 제대로 못 가르치는 내가

어찌 만백성을 다스릴 수 있겠는가!

에잇, 괘씸한 것!

선화 : 아바마마

(진양)

청천벽력이 아니오면 이 것이 꿈이오리까

억울한 누명을 어느 누가 밝혀보리

백옥 같은 소녀 마음을 저 하늘이 아실께요

어느 누가 날 못 먹어 헛소문이 생겼는지 억울하고 애매하오

아바마마!

(장면 연결음악)

석품 : 대왕마마

서동이란 자와 철쇠란 놈을 잡아 대령하였나이다.

네 이놈 서동은 듣거라!
(중중모리)
위엄이 사해에 떨치고 종묘사직이 유구하옵신 성상 앞에
털 끝 만치 속임없이 아뢰어라

네 이놈 여기가 감히 어데인 줄 아느냐

서동 : 검님 임금님 마로한의 대를 이어
　　　권삼주 오백 오십 구호를 다스리시는 성상 앞인줄 아뢰오
석품 : 네 이름이 서동이렸다
서동 : 본명은 장이라 하오
석품 : 영흥사 숲길에서 선화공주마마와 무슨 일이 있었느냐
서동 : 말 못하겠소이다. 공주님을 뵈온 것이 대역지죄가 된다면
　　　아무 말 묻지 말고 차라리 이 몸을 죽여주시옵소서
석품 : 항간에 퍼진 소문과 같은 그런 일이 없었더란 말이냐
서동 : (중중모리)
　　　없소이다 없소이다 그런 일이 없소이다
　　　만일 그런 일이 있고 보면 무슨 소원 있으리까
　　　실속 없는 소문만이 서라벌 이곳 저곳에 퍼진 것만이 억울하오
석품 : 철쇠란 놈이 보았다는데 그래도 없단 말이냐
서동 : 열 백번을 죽사와도 없소이다
석품 : 정녕 없을까
서동 : 아이고 원통하오

　　　　　　　　　　　　　　　　　　　　여성국극의 뒤안길

(자진모리)

다 같은 사람으로 높고 낮은 차별 있어 벼슬길이 끊어지고

귀한 몸 못되어서 갖은 천대 받는 것도 철천지 한이온데

무삼 죄가 있다허고 죄 없는 이 서동을 이 형벌을 하시니까

석품 : (중중모리)

사람마다 신분이 다르고 빈부귀천이 있어

나라법이 문란치 않거늘 추상같은 법을 모르느냐

서동 : 법이란 누가 만든 법이요

석품 : 대왕마마 저 놈이 무슨 딴 속이 있는 놈인줄로 아뢰오

진평왕 : 그래서 공주에게 마음을 두었드란 말이냐

서동 : 마음을 둔 것이 잘못이오면

사람의 마음에도 빈부귀천이 있으리까

(중중모리)

선화공주님이 하도 그리워서 사모하고 생각다가 못하여

노래로나 소원 성취 허랴 하고 한 마디를 부른 것이

아해들의 입에 올라 방방곡곡에 퍼졌소이다

석품 : 에이 여봐라 저 놈을

(노래하듯이)

갑자년 갑자월 갑자일 오시에 대정문 밖에 방을 부치고

저 놈의 목을 참하도록 하여라

선화 : 아바마마 이 번 소요에는 소녀도 죄인이옵니다.

진평왕 : 누명을 벗었거늘 죄인이란 말이 당치않다

선화 : 아바마마 소녀에게는 아무 죄가 없다 하오나

(중중모리)

　　고지식한 서동이가 소녀에게 마음을 두어

　　소리 하나 퍼뜨렸다고 죽일 리가 되오리까

　　만백성이 백성이면 한 사람도 백성이요

　　죽일 죄라 할지라도 다시 생각 하옵소서

진평왕 : 에잇 무엇들 하느냐 어서 저놈을 끌고 가라

서동 : 공주님

선화 : 서동이

7) 서동을 생각하는 선화공주

(전환음악)

선화 : (진양)

　　가을이 깊어가는 풀벌레 우는 소리 가슴 속에 사무치니

　　내 가슴은 왜 이리 쓸쓸한가 모르겠네

　　설레이는 이 마음 생각해도 모르겠네

　　사랑이란 무엇인가 번뇌 망상이라 버릴겐가

　　서동은 어찌하여 죽음을 무릅쓰고 천한 몸도 불구하고

　　불길 같은 정성으로 나한테다 마음을 두었나

　　어리석다 할 것인가 사내답다 할 것인가

진주 : 공주마마

선화 : 그래 서동이 무어라 하드냐

진주 : 공주님의 말씀을 전하자

　　주먹 같은 눈물을 후두두둑 떨어뜨리더이다

선화 : 울어? 그리고 무어라 하드냐

진주 : (중모리)

주먹 같은 눈물방울 두 눈에서 주루루루 흘리면서

고마워라 고마워라 공주님이 고마워라

죽은 후에 서동의 무덤에다

공주님 신 한 짝을 묻어 주신다 하옵시니

공주님인 듯 가슴에 꼭 안고 고이 눈을 감더이다

왕비 : 선화야

선화 : 어마마마 야심한데 어인 행차시옵니까

왕비 : 걱정이 되어 나왔다.

　　　너에 대한 소문이 점점 더 퍼지고 있다 하니

　　　하루속히 예부경과 혼인하여

　　　그 소문을 잠재우는 것이 상책인 듯싶다

선화 : 어마마마

　　　(중중모리)

　　　헛소문이든 아닌 소문이든 방방곡곡에 퍼진 소문

　　　서동을 죽이면 일조일석 없어지며

　　　다른 데로 정혼하면 그 소문이 없어지오리까

　　　이왕지사 버린 이 몸 검은 머리 삭뚝 잘라

　　　차라리 중이 되어 영흥사 절간에서 한 평생을 보내오리다.

8) 서동을 찾아간 선화공주

(배경음악)

선화 : 백제 땅 비취구슬...

　　　네가 무엇이길래 나를 그다지도 사모했드란 말이냐

　　　에잇, 천한 백성... 가엾은 사람이로다

서동 : 공주마마

선화 : 영홍사 숲길에서 백제 땅 비취구슬을

　　　나에게 준 그대가 서동인줄 몰랐노라.

　　　옥중 고생이 어떠한가

서동 : 공주마마

　　　(중중모리)

　　　철천지 이 원한을 백번을 죽는다고 할지라도

　　　풀지 못 할 원한이요 못 풀겠소 못 풀겠소

　　　개만 못한 사람된 게 뼈에 맺힌 원한이요

　　　어떤 사람 팔자가 좋아 호피자리만 깔고 자고

　　　어떤 놈은 천인되어 거적자리 깔고 자나

　　　서동이도 대장부요 세상을 원망했지

　　　꽃 같은 공주님을 원망하리요

선화 : 홀륭한 대장부인줄 알겠노라

　　　그대가 화랑이 된다면 국선이 되리로다

　　　마지막으로 할 말이 있거든 해보라

서동 : 태산같은 할 말 중에 무슨 말을 하오리까

　　　내일 오시에 이 몸을 죽인다니 두 눈이나 고이 감고가게

　　　공주님이 입으시든 속적삼 하나만 주시오면

　　　천가지 소원 중에 백가지 소원을 풀겠나이다

(음악이 흐른 뒤)

선화 : 내가 입던 속적삼을? 그런 청이야 못 들어 주겠는가

　　　자 받으라... 내가 입던 속적삼이니

서동 : 공주마마....(운다)

선화 : 어이 우는고

서동 : 우는 것이 아니옵니다.

선화 : 그 눈물은 무엇인고

서동 : 공주마마

　　　(진양)

　　　저승길이 있다 허면 저승에서 좋은 세상 다시 만나 본다지만

　　　이승에서 못 푼 한을 저승이면은 풀을손가

　　　북망산천 멀다 해도 이 한 밤이 지척일세

　　　공주님

　　　(중모리)

　　　이 몸이 죽은 후에 이산 저산 해 저물어 두견새가 울거들랑

　　　서동이의 울음인줄 혼자 생각 하옵시고

　　　제가 울던 이 뜰 아래 낙엽소리 들리거든

　　　서동이의 발자취인줄 혼자 짐작을 하옵시고

　　　한 평생 길이길이 영화롭게 사옵소서

선화 : 그만 울고 일어나시오

　　　목석이 아닌 이 가슴 설레이지 않을 수 없소

　　　그대에게 한 가지 청이 있소.

　　　들어주겠는가?

서동 : 죽을 사람에게 무슨 청이오잇까?

선화 : 처음이자 마지막으로 내 침실을 그대에게 빌려줄 것이니

　　　내가 깔든 호피 위에 첫 닭이 울 때까지 쉬여감이 어떠하오

서동 : 그 것은 안되오이다.

선화 : 어째서?

서동 : 공주마마께 다시는 그런 누명을 씌워드리고 싶지 않소이다

선화 : 아무말 말고 나 하자는대로 하시오. 자! 어서!

9) 서동을 찾아나선 철쇠

(가벼운 음악)

철쇠 : (중중모리)

　내 팔자 개를 주랴 개만 못한 내 팔자야 친구 하나 잘못 만나
　경만 치고 혼만 났네 그래도 못 잊을 건 친구 밖에 또 있느냐

　서동아 어디 갔냐 서동아 아참 요놈의 조동이
　아니 서동이가 백제나라 왕자라며 아니 꼭 좀 찾아 달랬는데
　왕자님이라? 왕자님?

　하하! 참!
　하두 꼬치꼬치 묻길래 내가 그 사람에게 뭐라고 했는가 하면

　여보시오 대관절 당신이 누구간데 우리 서동님을 찾으시오
　서동님을 찾아서는 집을 줄테요 은금을 줄테요
　철천지 포한이 되는 벼슬길을 터줄테요

백제인 : 벼슬길만 길뿐이랴

　우리 서동님은 백제임금 피를 받어 부소산 꽃 피는 곳
　사자수 구비친데 삼천궁녀 향기 속에 고이 자라 나옵시고
　에라 만수 풍악소리 아방궁이 부럽잖게 반월성산 궁중에서
　한 돌까지 계시다가 아바마마 승하하시자 난데없이 풍파일어
　나이 어리신 탓으로 왕의 자리를 빼앗기고 이리저리 다니실 적
　아! 그 고생이 오죽하셨겠소

하면서 공주마마께 바친 귀고리에는 백제나라 임금이라고

어라하라는 세 글자가 새겨져 있다는데 말이야

하여튼 서동이를 얼른 만나보면 알겠지

야! 서동아 서동아

10) 귀양길을 떠나는 선화공주

(음악)

선화 : 인연 깊은 영흥사 숲길도 마지막이요

영흥사 쇠소리도 마지막이로구나

아바마마 어마마마

(진양)

만수무강 하옵소서

불초소녀 오늘부터 서라벌의 공주도 아니옵고

아바마마의 공주도 아니옵고

어마마마의 딸자식도 아니오이다

한 칼도 찍은 듯이 남남이 되고 보니

가슴이 미여지고 눈물이 앞을 가려

어이 갈거나 어이가리

낯설은 변방 천리길을 귀양살이 어이가리

진주 : 공주마마,

소녀도 공주마마를 따라가서 공주마마를 모시겠나이다

(중모리)

싫소이다. 소녀는 싫소이다.

공주님이 안 계신 빈 궁실을 무엇하러 내가 지키리까

소녀도 따라가서 공주님을 모시오리다.

선화 : (중모리)

　　　멀고 먼 귀향살이 죄를 짓고 가는 나야 슬프지는 않다마는

　　　너야 무슨 죄야 있어 나를 따라 귀양을 가리

철쇠 : 공주마마 우리 그저...

　　　죄송하오나 우리 서동이가 바친

　　　백제땅 비취 귀고리를 가지고 계시온지요

선화 : 가지고 있다마는 무슨 일로 그러느냐

철쇠 : 이 놈은 글씨를 모르오니

　　　공주마마께서 그 귀고리에 새겨진 글씨를 읽어보시옵소서

선화 : 응? 어라하라고 새겨져 있구나

철쇠 : 예? 어라하요

　　　(자진모리)

　　　맞었구나 맞었구나 어라하가 맞었네

　　　어라하가 맞었으니 서동님을 찾아야지

　　　공주님 염려 말고 잠깐만 참으시면

　　　소인이 이 길로 가 서동님을 찾아 올테니 아무 염려 마옵소서

11) 서동의 청혼을 받는 선화공주

(음악)

서동 : 선화공주 이 몸의 왕비가 되어 주시겠소

선화 : 감자굽는 서동님의 아내라도 되오리다

서동 : 공주

선화 : 서동님

철쇠 : (자진모리)

　　　아이고 눈으로는 못 보것네

아이고 두 눈으로 못 보것네

꽃송이가 한 송인가 나비가 한 쌍인가

에라 만수 에라 합환이야

임금나비 공주나비 어화둥둥 한 쌍되어

에라 만수 에라 합환이야

에라 만수 에라 합환이야

(중모리)

서동 : 풀었네 다 풀었네 이 내 소원을 다 풀었네

세상 낭자가 많다한들 우리 공주님을 당할손가

합창 : 에라 만수 에라 합환이로다 에라 만수 에라 합환이로구나

선화 : 서동님을 몰라뵈온 이 선화를 용서하오

세상 사랑이 크다 해도

서동님의 그 사랑을 어느 누구가 당할손가

합창 : 에라 만수 에라 합환이로다 에라 만수 에라 합환이로구나

서동 : 선화공주님은 남거짓이 정을 두고

선화 : 서동님을 밤마다 남모르게 안고 간다

합창 : 에라 만수 에라 합환이로다 에라 만수 에라 합환이로구나

가세 가세 ~~ 가세 가세 가세 어서 가세

새살림 찾어가세~ 가세 ~

3. 인간문화재 조영숙 선생

서연호
고려대학교 명예교수

발탈의 인간문화재(기예능보유자) 조영숙은 2012년 2월에서야 뒤늦게 예능보유자가 되었다. 이동안의 발탈이 1983년에 국가무형문화재로 지정되고 나서, 제자 조영숙 (1934~)은 탈광대 역을 하고, 박정임(1939~)은 장고 반주를 맡았다. 아직 실연에 익숙하지 못했는데, 선생의 지시를 받고, 대본을 봐 가면서 공연해야 했다. 숙달된 배우들이 아직 없었기 때문이다. 1995년 이동안이 작고할 때까지 박정임은 탈광대 역, 조영숙은 재담꾼으로 10여 년간 발탈을 이끌었다. 한 동안 단체를 떠났던 박해일은, 이동안이 작고한 뒤, 1996년 5월에 인간문화재로 지정되었다.

이때보다 앞서, 1970년대에 이동안이 지역을 떠돌다가 상경해, 발탈을 재연할 때, 박해일은 재담꾼으로 참여한 적이 있었다. 이런 친분으로 두 사람은 가까운 사이였고, 재담꾼으로서 이동안과 박해일의 협력은 절실히 필요한 동반자였다. 그러나 두 사람은 의견의 대립으로 1986년에 결별하고 말았다. 박해일이 인간문화재로 지정되자, 그의 밑에도 제자들이 생겼다. 다시 10년간, 발탈은 사제간이 다른 집단에 의해 공연되었다. 2007년 10월 박해일이 작고하기 전, 2000년 10월에 조영숙은 전수조교가 되었고, 그해 12월에 박정임은 예능보유자가 되었다. 이런 환경이 되자, 박해일의 제자들은 후계자가 되지 못한 채 단체를 떠나고 말았다. 현재 발탈은 박정임과 전승교육사 문영식, 조영숙과 전승교육사 김광희, 이수자 한혜선·황지영·박수빈·장지영에 의해 계승되고 있다.[1]

---

1   조영숙과 서연호의 면담, 2020. 8. 26.

FESTIVAL BO★M
SEOUL 2013
조영숙
(인간문화재, 발탈)

2020년 발탈 중에서 (조영숙)

발탈은 박춘재에서 이동안으로 전승되었다. 박춘재와 동시대에, 소리꾼들의 창극과 1920년에 시작된 가극과 악극이 공연되었다. 당시 창극은 판소리의 무대화라는 측면에서 신연극이라 했고, 가극 및 악극은 서양의 아리아 및 유행가(현대의 트로트)를 차용해 무대에서 공연된 신연극이었다. 가극이나 악극이 대중에게 익숙한 곡목曲目들을 스토리와 함께 엮어서 노래극으로서 공연된 것은, 발탈이 당시 대중에게 익숙한 민요나 고사소리를 엮어서 공연한 것과 방법상 큰 차이가 없다. 전자는 현대적인 유행성에 추종하고, 후자는 전통적인 유행성을 재현하려 했던 점에서 방법상 차이가 있었을 뿐이다. 20세기 초에 전통연희를 무대에서 새롭게 창작하려 한 공연을 당시 언론에서 '신연극'이라 한 사실을 함께 기억해야 할 것이다.[2]

박춘재는 발탈만이 아니라, 서사가요로 〈장대장타령〉, 재담소리로 〈맹꽁이타령〉 〈곰보타령〉 〈장님흉내내기〉 〈각종장사치흉내〉 〈개넋두리〉 〈제석타령〉 등이 유명했다. 그는 서울에서 활동하던 소리꾼들에게 잡가를 배웠고, 특히 잡가 명인 박춘경의 소리를 계승했다. 1870년부터 활동하기 시작한 박춘경은 가사·시조·잡가·민요·무가에 능했다고 알려져 있다. 박춘재가 이처럼 잡가에 두루 정통한 지식과 가창력을 겸비했으므로 발탈 만담극을 만들고 재미있게 연행할 수 있었음을 미루어 알 수 있다.[3]

예컨대, 〈장대장타령〉은 혼자서 하는 재담소리나 등장인물 장대장 역, 무당 역, 허봉사 역의 개성이 뚜렷하고 무당의 이중적 성격이 잘 표현되었다. 특히 무당이 자신의 거짓을 감추고자 양심을 버리고 육체(성)를 이용하는 인간의 속성이 선명하게 부각되었다. 〈개넋두리〉 역시 혼자서 하는 재담소리나 무당 역과 개의 영혼 역이 잘 표현되었다. 죽은 개의 눈으로 본 인간세상은 진오귀굿을 통해 조명된다. 인간이 타자에 대한 몰인정함과 무관심함이 표현되었고, 한 생명체로서의 고독 등이 부각되었다.

---

2   기사, 「구극으로 유명한 박춘재」, 『조선일보』, 1925. 7. 4.
3   반재식, 『재담천년사』, 백중당, 2000, 280쪽; 서대석, 『전통구비문학과 근대공연예술』 1, 서울대학교 출판부, 2006, 136쪽.

이런 사실로 미루어 발탈에서도 박춘재는 인물들을 통해 인간의 속성이나 결점, 허위성과 과장성 등을 부각시켰을 것으로 투시할 수 있다.[4] 그러나 이러한 만담소리의 장점들이 춤을 전문적으로 했던 이동안에 와서는 제대로 계승되지 못한 채, 현재와 같은 대본 내용만으로 남은 것으로 보인다.

이동안은 자신의 발탈에 대해 다음과 같이 말했다. "내 일생에서 처음 발탈을 한 것은 24살(1930) 때인가 함경도 고무산古茂山에서 (일이)였지. 유랑극단의 공연이 그곳 극장에서 개관기념으로 있었는데, 스승인 박춘재 씨가 갑자기 배탈이 났던 거야. 그래 할 수 없이 내가 대신했는데, 구경꾼들이 배를 쥐고 웃는 거야. 자신이 생겼어요."[5]

이동안은 경기도 화성군의 예인집안에서 태어났고, 어릴 때 무단가출해 남사당패(정화춘패)에서 무동서기(새미)부터 광대생활을 시작했다. 차차 줄타기(어름타기), 재담, 땅재주(곤두), 풍물 등을 모두 할 수 있게 되었다. 14세에 부모에게 잡혀 집으로 돌아온 그는 김관보에게 정식으로 줄타기를 다시 배웠다. 15세(1920)에 다시 무단가출했다. 광무대(을지로의 황금정)에서 김봉업(1885~1962)에게 줄타기, 김인호에게 각종 전통춤, 박춘재에게 발탈 등을 배울 수 있었다.

일찍이 남사당패의 남운룡(일명 남형우, 1907~1978)은 꼭두쇠였던 오명선에게서 '신라시대의 진중에서 발탈을 놀았다는 설화'를 전해 들었다.[6] 이 설화는 예능보유자 박해일(1923~2007)에게 전파되었다.[7] 신찬균(1937~2006)은 '고려시대 나례희에서 발탈이 기원했을 것'이라는 가설을 발표했다. 정병호(1927~2011)와 심우성(1934~1918)은 '남사당패에서 발탈이 시작되었다'는 의견을 제시했다.[8] 이상과 같은 의견들은 말 그대로 하나의

---

4   반재식, 위의 책, 255쪽, 280쪽; 서대석, 위의 책, 136쪽, 142쪽.
5   신찬균, 「자리판놀음 발탈을 찾아」, 『독서생활』 15호, 1977, 12쪽, 66쪽.
6   심우성, 『한국 살롱 드라마의 한 형태』, 공간, 1975, 66쪽.
7   허용호, 『발탈』, 국립문화재연구소, 2004, 13쪽.
8   정병호, 「태평무와 발탈」, 『무형문화재지정조사보고서』 제149호, 문화재관리국, 1982, 315쪽; 심우성, 「박정임 발탈의 유래와 특징」, 『소중한 민속예술인과의 만남』 제1권, 우리마당, 2011. 10, 55쪽.

추론에 불과한 것이다.

박춘재의 제자인 이동안은 발탈에 대해 다음과 같이 말했다. "박춘재 선생님, 그 이전의 발탈 공연은 알 수 없지만 서울 광무대와 그밖의 지방극장, 만주까지도 포함하여 순업할 때에 아주 환영 받은 놀이였다."[9]

발탈에 대해 이창배(1916~1983)는 다음과 같이 말했다. "1904년(1908년의 오류, 필자) 원각사 시절에 박춘재는 평양 출신의 문영수(1867~1930), 이정화(1865~1920)와 더불어서도 입체창은 물론이고 각종 재담과 발탈 같은 곡예로 만도滿都의 인기가 비등沸騰했다."[10]

발탈에 대해 이은관은 다음과 같이 말했다. "박춘재 선생의 발탈은 기존의 재담과 다른 뭔가 독특한 면이 있었습니다. 내가 듣기로, 발에 탈을 씌우고 재담과 소리로 관중을 웃기는 발탈은, 처음 평양의 박풍이라는 사람이 창작한 걸 가지고 서울에 와서 공연하자, 박춘재 선생이 보고 배워 새로운 면모로 꾸몄다고 합니다."[11]

총독부 기관지 매일신보에는 다음과 같은 기사가 보인다. "경성 광무대는 정월 초하루날부터 개연開演한다지오. 그러한 데 광고도 보았지마는 박춘재의 별 이상한 노름노래와 새로 올라온 남녀 배우가 아주 볼 만하데요."[12]

조선일보에는 다음과 같은 기사가 보인다. "재담에는 이미 발표한 맹인盲人재담 이외 은퇴중인 사계斯界의 대가 박춘재 씨가 특히 본사의 계획에 찬성하여 최후의 봉사로 특별 출연하고, 그의 장기인 발장난도 아울러 공개할 터"[13]

신문기사에서는 발탈 기록을 좀처럼 찾을 수 없다, 1938년 박춘재의 후반기 공연에 해당하는 '발장난' 기록뿐이다. 그러나 이상에서 극장 원각사(1908)와 광무대(1907, 1913

9   이동안 증언, 심우성, 앞의 책, 67쪽.
10 이창배, 「민요 70년의 발자취를 찾아서」, 『월간 문화재』 통권14호, 1973. 1, 29쪽.
11 이은관 증언, 반재식, 『만담백년사』, 만담보존회, 1997, 41쪽.
12 기사, 「박춘재의 노름노래」, 『매일신보』, 1916. 2. 4.
13 기사, 「박춘재의 발작난」, 『조선일보』, 1938. 4. 21.

년 이전해 운영)에서 박춘재가 공연했다는 증언들이 주목된다. 왜냐하면, 그가 1911년 일본에서 음반을 취입한 것,[14] 1912년 혁신단과 함께 공연한 것,[15] 그의 탁월한 능력에 관한 1914년의 소개,[16] 그의 1915년 공연,[17] 그의 1916년 공연[18] 등을 종합적으로 고려할 때, 1916년 2월에 그가 공연했다는 '이상한 노름노래'를 발탈로 추정할 수 있기 때문이다.

필자의 이러한 추정을 뒷받침하는 당시 공연계의 사정을 살펴볼 필요가 있을 것이다. 통감부와 총독부는 극장취제규칙을 통해 조선인들의 전통연희를 규제하는 한편, 일본식의 연극이나 공연을 강력히 지원했다.[19] 이같은 현장 공연에 대한 단속만이 아니라 그들은 공연대본을 사전에 검열하는 제도를 지속적으로 운영했다. 경성(현 서울)과 인천만이 아니라 전국의 도시에 일본인들이 운영하는 극장이 날로 늘어났고, 시대의 변화에 따라 조선인들도 극장을 소유하는 사람들이 적지 않았다. 당시 일본식 공연과 극장은 신문명의 상징으로 동일시되었고, 극장을 찾는 조선인 관객들이 날로 증가했다.[20]

이런 상황에서 판소리의 쇠퇴를 방지하려는 소리꾼들은 일본식 신파조를 모방해 '신연극'이라는 명분으로 성급하게 창극唱劇 제작에 나섰다.[21] 원각사와 광무대 극장에서 조선인들이 극장편입編入을 위해 열심히 '무대공연'을 만들려고 했던 시기가 1908년에서 1918년까지 10여 년간 지속된 점을 고려할 때, 박춘재의 발탈도 이 무렵에 신연극의 명분으로 광대만담극으로 만들어진 것으로 해석된다. 앞에서, 1916년에 공연된

14 자료, 『한국 유성기음반 총목록』, 한국정신문화연구원, 1998, 23쪽.
15 기사, 「혁신과 박춘재」, 『매일신보』, 1912. 12. 29.
16 기사, 「명창 박춘재(예단일백인)」, 『매일신보』, 1914. 5. 17.
17 기사, 「명창 박춘재」, 『매일신보』, 1915. 10. 2; 10. 4; 10. 5.
18 기사, 「명창 박춘재」, 『매일신보』, 1916. 11. 19.
19 기사, 「강선루 공연 단속」, 『매일신보』, 1912. 4. 25.
20 서연호, 『한국연극사(근대편)』, 연극과인간, 2003, 41~54쪽.
21 서연호, 위의 책, 123쪽.

'이상한 노름노래'를 박춘재의 발탈로 추정한 것은 이런 까닭이다.

이은관의 증언대로, 박풍이라는 연희자가 발탈의 창시자일 수도 있다. 그런데 박풍이 당시 그같은 창작을 했다면, 신문에서 특종으로 기록을 남길 만하지 않았을까. 아직은 기록을 찾을 수 없다. 박춘재의 기록이 빈번한데 비해 박풍의 이름이 전혀 보이지 않는 점으로 미루어, 박풍의 창작설은 신뢰감이 들지 않는다. 현재까지 확인된 자료로서는 발탈은 박춘재에 의해 만들어지고 공연되어 온 것으로 잠정적인 결론을 지을 수 있다.

조영숙은 전남 화순 능주 출신의 판소리 명창 조몽실(1902~1953)과 화순 이양 출신의 강순분 사이에 무남독녀로 태어났다. 보유자 조영숙이 기억하는 아버지의 작고 시기는 1953년 섣달 그믐이다. 조몽실 명창이 작고한 시기는 여러 기록들에 1949년, 1954년으로 나타난다. 어떤 기록에서는 있지도 않은 이야기를 소설처럼 기록하기도 하였다. 『향토문화전자대전』 화순편의 마지막 부분 "그 해 섣달 그믐날, 그의 부인과 딸이 부엌에서 제수를 만들고 있을 때였다. 조몽실은 그날 아침부터 술에 취하여 온종일 울면서 「심청가」를 부르다가, 그대로 쓰러져 세상을 떠났다." 이 부분은 사실이 아니라고 조영숙이 확인해주었다. 삼월 삼짇날 태어나 어렸을 적에는 '삼질이'로 불렸다. 아버지는 유명 세습무계 출신이지만, 일찍이 판소리를 익혔고, 전국으로 돌아다니며 공연 활동에 전념했기에 어머니와 결혼 후에도 계속 떠나 있었다. 조영숙은 원산에서 성장했다. 남편만을 바라고 2000리 길을 떠난 모친은 모질게 버림을 받았고, 어머니가 딸을 데리고 그냥 원산에서 눌러앉기로 마음먹은 것이다. 아버지와 호형호제했던 원산 권번의 가야금 선생 최옥산崔玉山(1905~1956)의 배려로 어머니는 하숙집을 했다.[22]

조영숙은 1946년 원산 용동보통학교, 1948년 효성여중(제2여중 전신)을 졸업하고, 원산사범전문학교에 입학했다. 이 학교를 졸업하면 자동적으로 교사 발령을 받을 수

---

22   조영숙, 『무대를 베고 누운 자유인』, 도서출판 명상, 2000.

있기에 11대의 1의 높은 경쟁률을 뚫고 입학에 성공한 것이다. 사범학교 2학년 때 연극반 활동을 했다. 함경남도 도립극장 소속 배우였던 이유진이 지도하여 〈나란히 선 두 집〉이라는 작품에 출연했다. 인생 최초의 무대경험이자, 이것이 훗날 '광대 조영숙' 삶의 토대가 되었다. 1949년의 일이었다. 한편 광복 이후 불안한 정세 속에서 잠시 화순에 다녀오겠다고 떠난 모친과는 결별했고, 그녀는 1950년 홀로 원산에서 6·25 한국전쟁을 맞았다. 사범학교 졸업을 불과 몇 개월 남겨두고 찾아온 비극의 전쟁이었다.

전쟁이 나자 사범학교는 기숙사에 남아 있던 학생들을 모아 풍산으로 옮겨갔지만 그나마도 버티지 못하자 문을 닫고 말았다. 조영숙은 평양에서 최승희(1911~1969) 무용단 반주단원으로 활동하던 고종사촌 언니를 만나러 걸어서 먼 길을 떠났다. 그리고 조선고전음악연구소(소장 안기옥, 1894~1974)에 머물고 있는 언니를 만났다. 대책이 없음을 깨닫고, 다시 남쪽으로 향했다. 화순에 이르러 외삼촌댁에 거주하던 어머니와 상봉했다. 화순에서 광주로 갔고, 시골의 작은 학교에 교사직을 얻게 되었다. 모처럼 얻은 교사직은 치안의 불안으로 겨우 1달 만에 그만 두고 다시 광주로 돌아왔다. 1951년 가을, 그녀는 소리꾼 성원목의 부인이었던 복남 언니의 소개로 광주에 머물러 있던 임춘앵(1924~1973)을 만나게 되었다.

임춘앵은 조영숙의 대본 낭독과 연기 능력을 간단히 확인한 뒤에 여성국극동지사의 연구생으로서 입단을 허락했다. 또한 그곳에서 소리 선생을 하던 아버지를 만나게 되었다. 아버지에게서 단가인 〈운담풍경〉, 춘향가의 〈쑥대머리〉, 심청가의 〈추월만정〉 등 토막소리를 배웠다. 1952년 전주에서 아버지와 헤어진 것이 부녀간의 마지막이었다. 여성국극동지사의 창단공연 〈공주궁의 비밀〉(1952)에 첫 출연을 했다. 〈대춘향전〉(1953)에서 후배사령 역할을 맡게 되면서 여성국극의 중심 배역들을 맡게 되었다. 국극단의 방자의 역할이 오늘날 발탈의 재담꾼을 맡는데 결정적 발판과 계기가 된 셈이다.

이어서 〈황금돼지〉(1952), 〈바우와 진주목걸이〉(1954), 〈무영탑〉(1955), 〈춘서

여성국극의 뒤안길

몽〉(1956), 〈여의주〉(1956), 〈견우직녀〉(1957), 〈귀향가〉(1958), 〈백녀초〉(1958) 등의 작품에 출연했다. 여성국극 최고의 황금기 배우였다. 임춘앵이 단체를 이탈하자, 조영숙은 1959년 단체를 떠나 햇님국극단 · 송죽국극단 · 우리국극단 등에 잠시 출연하기도 했다.

무대를 떠난 뒤 조영숙은 생계를 위해 보험권유자, 보따리장사 등을 하며 아들 하나를 공부시켰다. 1981년 연극인 최유진과 이광표가 그들이 운영하는 신촌시민극장에 조영숙을 세웠고, 그녀는 후배 박미숙과 함께 〈마당놀이 춘향가〉를 공연했다. 형식으로 보면 2인 재담극인 셈인데, 예상 외의 큰 인기를 모았다. 여성국극을 했던 그녀는 무대에 대한 미련을 버릴 수 없었다.

1983년 겨울 어느날 우연히 본 TV에서 이동안이 인터뷰를 하고 있었다. 이동안은 아버지 조몽실과 호형호제하던 사이였다. 1955년 조영숙이 임춘앵 단체에 있을 때 이동안이 계림극장으로 일부러 찾아와 만난 적도 있었다. 이동안은 인터뷰 말미에서 "형님이 하나 있는데 조몽실 형님이라고, 그 딸 조영숙은 여성국극을 했는데.... 어디 있으면 꼭 나를 찾아오너라"라고 공개적으로 말했다. 이것이 동기가 되어 그녀는 이듬해 종로3가 있었던 이동안무용교습소를 찾아가, 두 사람의 재회가 이루어졌다.

무용교습소로 찾아가자 실내는 좁았는데, 공연을 준비하느라고 그 안은 매우 분주했다. 찾아간 날 그곳에서 오래 전에 같이 공연했던 박해일을 우연히 만났다. 조영숙을 만난 이동안은 곧 장소를 옮길 예정이니, 그 때 연락하면 오라하고 해서 헤어졌다. 며칠 지나지 않아 전화가 왔다. 잠실의 석촌호수로 오라는 것이었다. 무슨 일인지도 모르고 일단은 서울놀이마당에 찾아가자 이동안은 그녀에게 부랴부랴 포장 안으로 들어가라고 했다. 발탈 공연을 해야 하는데 박해일이 잡자기 배역에 펑크를 냈고, 조영숙을 급히 오라고 했던 것이다. 포장 안에서 하는 역할이니, 대본을 보고 해도 되고, 재담이야 지금껏 하던 것이니 그녀가 할 수 있으리라 믿었던 모양이다. 한 번도 발탈을 본 적도 들은 적도 없는 조영숙에게는 무리한 부탁이어서 거부하고 그대로 집으로 돌아와 버렸다.

이동안은 무용교습소를 석관동으로 이전한 뒤에 조영숙을 다시 불렀다. 그 자리에서 이동안은 손수 필사한 대본[23]의 복사본과 발탈에 삽입되어 있는 단가 〈만고강산〉 필사본을 내어주며 조영숙에게 발탈 배우가 되어 줄 것을 권했다. 처음부터 내키지는 않았다. 그러나 이동안의 설득으로 대본을 살펴보았다. 재담과 다양한 소리들이 그간 자신이 해왔던 것과 유사했고, 또 탈이라는 존재와 팔도소리 등 다양한 소리들이 결집되어 있는 것이 또 다른 매력으로 다가왔다. 결국 그날 이후로 이동안에게서 발탈을 전수받게 되었다.

전수교육은 이동안이 소리를 부르면, 따라서 하는 방식으로 진행되었다. 판소리와 남도소리를 익혔던 조영숙에게 경기민요, 특히 고사소리 등은 다소 익숙지 않았던 소리여서 그 부분에 학습을 집중했다. 이동안이 준 대본을 놓고 서로 주고받으며 그 대사에서도 걷어낼 부분, 조금 더 대사하기에 편하도록 표현의 변화 등을 손으로 직접 써가며 학습을 했다. 그렇게 배운지 1년 정도 된 1985년 드디어 문예회관에서 첫 공연을 갖게 되었다. 이때까지 대사를 온전히 다 암기하고 있지 못했으므로, 밖에서 하는 어릿광대는 이동안이, 포장 안에서 하는 탈 조종은 조영숙이 맡았다. 포장 안에서는 대본을 볼 수 있었다. 첫 무대임에도 떨릴 겨를이 없었다. 포장 안에서는 관객의 얼굴이 안 보이는데다, 더욱이 대사를 틀리면 안 되므로 집중해서 대본만 열심히 쳐다보며, 첫 무대를 마쳤다. 그렇게 10여 년간 이동안과 공연을 하다 1994년 세종문화회관 소강당에서의 공연이 이동안과의 마지막이 되었다.

발탈을 하는 배우들은 전통 잡가들을 잘 따라서 부르는 데만 치중하지 말고, 박춘재와 같은 광대의 정신을 갖추는 데 부단한 탐구와 노력을 기울려야 한다. 한 시대를 살아가는 배우에게 시대정신이 없다면 독자성을 인정받기 어렵다. 아울러 현재의 발탈 대본은 완전한 작품이 아니라, 보충되고 보완되어야 할 요소가 아직 많이 남아있다는

---

23 이 대본은 정병호·최현, 『무형문화재지정조사보고서』 제149호(『태평무와 발탈』, 문화재관리국, 1982)에 실려 있는 것과 거의 동일하다.

　　　　　　　　　　　　　　　　　　　　　　여성국극의 뒤안길

사실을 깨달아야 한다. 가창력과 연기력의 부단한 수련도 예외일 수 없다.

끝으로, 발탈의 형식을 응용한 현대 작품이 시급하게 창작되어야 한다. 웃음의 바탕은 동시대성이다. 현실을 살고 있는 사람들과 정보로 소통하고, 감정으로 공감되지 않는 내용은 웃음을 자아내게 할 수 없다. 비극이 시대를 초월하는 보편성이 짙다면, 희극은 보편성보다 동시대성이 짙다. 박춘재가 제 아무리 재치있는 발탈을 만들어냈다고 해도, 현대인들을 웃기기에는 감각이 잘 어울리지 못하는, 낡은 만담극에 지나지 않은 것이다. 그러므로 발탈의 창작은 너무도 당연한 시대적 요구이다. 발탈의 미래는 시대 변화에 따라 지속적인 창작을 통해 '열려 있는 세계'라는 사실을 우리들은 통찰해야 한다.

그녀가 전수조교 시절에 했던 대본과 현재의 대본을 비교하면, 약간 가감된 내용이 들어 있다.[24]

---

24   조영숙, 『발탈』, 한국문화재재단, 2020, 34~51쪽.

문화와
역사를
담 다
０ ４ ２

여성국극의
뒤안길
동지사시대에 관한 증언

초판1쇄 발행 2022년 10월 5일

지은이 조영숙
펴낸이 홍종화

편집 · 디자인 오경희 · 조정화 · 오성현 · 신나래
　　　　　　　 박선주 · 이효진 · 정성희
관리 박정대 · 임재필

펴낸곳 민속원
창업 홍기원
출판등록 제1990-000045호
주소 서울 마포구 토정로25길 41(대흥동 337-25)
전화 02) 804-3320, 805-3320, 806-3320(代)
팩스 02) 802-3346
이메일 minsok1@chollian.net, minsokwon@naver.com
홈페이지 www.minsokwon.com

ISBN　978-89-285-1758-9
S E T　978-89-285-1054-2　04380

ⓒ 조영숙, 2022
ⓒ 민속원, 2022, Printed in Seoul, Korea